Despertar Zen: Reflexiones sobre Meditación, Amor y Ego

Dhamma Buddha

Published by Dhamma Buddha, 2024.

DESPERTAR ZEN: REFLEXIONES SOBRE MEDITACIÓN, AMOR Y EGO

First edition. May 24, 2024.

Copyright © 2024 Dhamma Buddha.

ISBN: 979-8223510611

Written by Dhamma Buddha.

Tabla de Contenido

El corazón del saber es ahora

ASCENDIENDO AL ASIENTO ALTO, DOGEN ZENJI DIJO: "EL MAESTRO ZEN HOGEN ESTUDIÓ CON KEISHIN ZENJI.

UNA VEZ KEISHIN ZENJI LE PREGUNTO, JOZA, ¿A DONDE VAS?'

HOGEN DIJO. 'ESTOY PEREGRINANDO SIN RUMBO'.

KEISHIN DIJO, '¿CUÁL ES EL ASUNTO DE TU PEREGRINAJE?'

HOGEN DIJO: "NO LO SÉ".

KEISHIN DIJO, 'NO SABER ES LO MÁS ÍNTIMO'.

HOGEN ALCANZÓ DE REPENTE UNA GRAN ILUMINACIÓN".

EL ZEN ES SÓLO ZEN. No hay nada comparable. Es único, único en el sentido de que es el fenómeno más ordinario y a la vez más extraordinario que le ha ocurrido a la conciencia humana. Es el más ordinario porque no cree en el conocimiento, no cree en la mente. No es una filosofía, tampoco una religión. Es la aceptación de la existencia ordinaria con todo el corazón, con todo el ser, sin desear otro mundo, supra-mundano, supra-mental. No tiene interés en ninguna tontería esotérica, ningún interés en la metafísica. No anhela la otra orilla; esta orilla es más que suficiente. Su aceptación de esta orilla es tan tremenda que a través de esa misma aceptación transforma esta orilla - y esta misma orilla se convierte en la otra orilla:

Este mismo cuerpo el buda; Esta misma tierra el paraíso del loto.

Por eso es ordinario. No quiere que crees un cierto tipo de espiritualidad, un cierto tipo de santidad. Lo único que te pide es que vivas tu vida con inmediatez, con espontaneidad.

Y entonces lo mundano se convierte en sagrado.

El gran milagro del Zen está en la transformación de lo mundano en sagrado. Y es tremendamente extraordinario porque ESTA forma de vida nunca antes se había abordado, ESTA forma de vida nunca antes se había respetado.

El Zen va más allá de Buda y más allá de Lao Tzu. Es una culminación, una trascendencia, tanto del genio indio como del genio chino. El genio indio alcanzó su cima más alta en Gautam el Buda y el genio chino alcanzó su cima más alta en Lao Tzu.

Y el encuentro... la esencia de la enseñanza de Buda y la esencia de la enseñanza de Lao Tzu se fusionaron en una corriente tan profunda que ya no hay separación posible. Incluso hacer una distinción entre lo que pertenece a Buda y lo que pertenece a Lao Tzu es imposible, la fusión ha sido tan total. No es sólo una síntesis, es una integración. De este encuentro nació el Zen. El Zen no es ni budista ni taoísta y, sin embargo, es ambas cosas.

Llamar al Zen "Budismo Zen" no es correcto porque es mucho más. Buda no es tan terrenal como el Zen. Lao Tzu es tremendamente terrenal, pero el Zen no es sólo terrenal: su visión transforma la tierra en cielo. Lao Tzu es terrenal, Buda es sobrenatural, el Zen es ambas cosas, y al ser ambas se ha convertido en el fenómeno más extraordinario.

El futuro de la humanidad se acercará cada vez más al enfoque del Zen, porque el encuentro entre Oriente y Occidente sólo es posible a través de algo como el Zen, que es terrenal y a la vez no terrenal. Occidente es muy terrenal, Oriente es muy sobrenatural. ¿Quién se convertirá en el puente? Buda no puede ser el puente; es tan esencialmente oriental, el sabor mismo de Oriente, la fragancia misma de Oriente, inflexible. Lao Tzu no puede ser el puente; es demasiado terrenal. China siempre ha sido muy terrenal. China forma más parte de la psique occidental que de la oriental.

No es casualidad que China sea el primer país de Oriente en volverse comunista, en hacerse materialista, en creer en una filosofía sin Dios, en creer que el hombre es sólo materia y nada más. No es casualidad. China es terrenal desde hace casi cinco mil años; es muy occidental. De ahí que Lao Tzu no pueda convertirse en el puente; se parece más a Zorba el Griego. Buda es tan poco terrenal que ni siquiera se le puede agarrar... ¿cómo va a convertirse en el puente?

Cuando miro a mi alrededor, el Zen parece ser la única posibilidad, porque en el Zen, Buda y Lao Tzu se han convertido en uno. El encuentro ya se ha producido. La semilla está ahí, la semilla de ese gran puente que puede hacer que Oriente y Occidente sean uno. El Zen será el punto de encuentro. Tiene un gran futuro, un gran pasado y un gran futuro.

Y el milagro es que el Zen no se interesa ni por el pasado ni por el futuro. Su interés total está en el presente. Quizá por eso es posible el milagro, porque el pasado y el futuro están unidos por el presente.

El presente no forma parte del tiempo. ¿Has pensado alguna vez en ello? ¿Cuánto dura el presente?

El pasado tiene una duración, el futuro tiene una duración. ¿Cuál es la duración del presente?

¿Cuánto dura? ¿Puede medirse el presente entre el pasado y el futuro? Es inconmensurable; casi no lo es. No es tiempo en absoluto: es la penetración de la eternidad en el tiempo.

Y el Zen vive en el presente. Toda la enseñanza es: cómo estar en el presente, cómo salir del pasado que ya no existe y cómo no involucrarse en el futuro que aún no es, y simplemente estar enraizado, centrado, en lo que es.

Todo el enfoque del zen es de inmediatez, pero por ello puede tender puentes entre el pasado y el futuro. Puede unir muchas cosas: puede unir el pasado y el futuro, puede unir Oriente y Occidente, puede unir el cuerpo y el alma. Puede tender puentes entre mundos insalvables: este mundo y aquél, lo mundano y lo sagrado.

ANTES DE ENTRAR EN esta pequeña anécdota será bueno comprender algunas cosas. La primera: los Maestros no dicen la verdad. Aunque quisieran, no pueden; es imposible. Entonces, ¿cuál es su función? ¿Qué hacen? No pueden decir la verdad, pero pueden llamar a la verdad que está profundamente dormida en ti. Pueden provocarla, pueden desafiarla. Pueden sacudirte, pueden despertarte. No pueden darte a Dios, la verdad, el NIRVANA, porque en primer lugar ya lo tienes todo contigo.

Naces con ella. Es innato, intrínseco. Es tu propia naturaleza. Así que cualquiera que pretenda darte la verdad está simplemente explotando tu estupidez, tu credulidad. Es astuto, astuto y totalmente ignorante. No sabe nada; ni siquiera ha vislumbrado la verdad. Es un pseudo Maestro.

La verdad no se puede dar; ya está en ti. Se puede invocar, se puede provocar. Se puede crear un contexto, un cierto espacio en el que se eleve en ti y deje de estar dormida, se despierte.

La función del Maestro es mucho más compleja de lo que crees. Habría sido mucho más fácil, más simple, si la verdad pudiera ser transmitida. No se puede transmitir, por lo que hay que idear formas y medios indirectos.

El Nuevo Testamento cuenta la hermosa historia de Lázaro. Los cristianos se han perdido todo el sentido de la misma. Cristo es tan desafortunado... que ha caído en la compañía equivocada. Ni siquiera un solo teólogo cristiano ha sido capaz de descubrir el significado de la historia de Lázaro, su muerte y resurrección.

Lázaro muere. Es hermano de María Magdalena y de Marta y gran devoto de Jesús. Jesús está lejos; cuando recibe la información y la invitación: "Ven inmediatamente", ya han pasado dos días, y cuando llega a casa de Lázaro han transcurrido cuatro. Pero María y Marta le esperan; su confianza es tal.

Todo el pueblo se ríe de ellos. Son estúpidos a los ojos de los demás porque guardan el cadáver en una cueva; lo vigilan día tras día.

El cadáver ya ha empezado a apestar; se está deteriorando.

La gente del pueblo dice: "¡Sois tontos! Jesús no puede hacer nada. Cuando alguien está muerto, ¡alguien está muerto!"

Jesús viene. Va a la cueva -no entra en la cueva-, se queda fuera y llama a Lázaro. La gente se ha reunido. Deben de estar riéndose: "¡Parece que este hombre está loco!".

Alguien le dice: "¿Qué haces?". ¡Está muerto! Lleva muerto cuatro días. De hecho, entrar en la cueva es difícil, su cuerpo apesta. Es imposible.

¿A quién llamas?"

Pero, imperturbable, Jesús grita una y otra vez: "¡Lázaro, sal!".

Y la multitud se lleva una gran sorpresa: Lázaro sale de la cueva sacudido, conmocionado, como si hubiera salido de un gran sueño, como si hubiera entrado en coma. Él mismo no puede creer lo que ha sucedido, por qué está en la cueva.

De hecho, esto no es más que una forma de decir cuál es la función de un Maestro. Si Lázaro estaba realmente muerto o no, no es la cuestión. Si Jesús era capaz de resucitar a los muertos o no, no es la cuestión. Meterse en esas estúpidas cuestiones es absurdo. Solo los eruditos pueden ser tan tontos. Ningún hombre de entendimiento pensará que esto es algo histórico. Es mucho más. No es un hecho, es una verdad. No es algo que sucede en el tiempo, es algo más: algo que sucede en la eternidad.

Todos estáis muertos. Todos estáis en la misma situación que Lázaro. Todos vivís en vuestras oscuras cuevas. Todos ustedes están apestando y deteriorándose... porque la muerte no es algo que llega un día de repente - ustedes están muriendo todos los días. Desde el día de vuestro nacimiento habéis estado muriendo. Es un proceso largo; lleva setenta, ochenta, noventa años completarlo.

6

CADA MOMENTO algo de ti muere, algo en ti muere, pero eres absolutamente inconsciente de toda la situación. Sigues como si estuvieras vivo; sigues viviendo como si supieras lo que es la vida.

La función del Maestro es llamar: "¡Lázaro, sal de la cueva! ¡Sal de tu tumba! Sal de tu muerte!"

El Maestro no puede darte la verdad, pero puede invocarla. Puede despertar algo en ti. Puede desencadenar un proceso en ti que encienda un fuego, una llama. La verdad eres tú... sólo polvo acumulado a tu alrededor. La función del Maestro es negativa: tiene que darte un baño, una ducha, para que el polvo desaparezca.

Ese es exactamente el significado del bautismo cristiano. Eso es lo que Juan el Bautista hacía en el río Jordán. Pero la gente sigue malinterpretando. Hoy también el bautismo ocurre en las iglesias; no tiene sentido.

Juan el Bautista estaba preparando a la gente para un baño interior. Cuando estuvieran listos los llevaría simbólicamente al Río Jordán. Eso era solo simbólico—así como tus ropas anaranjadas son simbólicas, ese baño en el Río Jordán era simbólico—simbólico de que el Maestro puede darte un baño. El puede quitarte el polvo, el polvo de los siglos. Y de repente todo es claro, todo es claridad. Esa claridad es la iluminación.

El gran Maestro Daie dice: "Todas las enseñanzas de los sabios, de los santos, de los maestros, no han expuesto más que esto: son comentarios sobre tu grito repentino, "¡Ah, Esto!"".

Cuando de repente te aclaras y surge en ti una gran alegría y regocijo, y todo tu ser, cada fibra de tu cuerpo, mente y alma baila, y dices: "¡Ah, esto! Aleluya!"

un gran grito de alegría surge en tu ser, eso es la iluminación. De repente, las estrellas bajan de las vigas. Te conviertes en parte de la danza eterna de la existencia.

Auden dice:

¡Baila hasta que las estrellas bajen de las vigas!

¡Baila, baila, baila hasta caer rendido!

Sí, sucede... no es algo que tengas que hacer. Es algo que aunque no quieras hacer te resultará imposible; te resultará imposible resistirte. Tendrás que bailar.

La belleza de esto, la belleza del ahora, la alegría que es la existencia y la cercanía de ello....

Sí, las estrellas bajan de las vigas. Están tan cerca que puedes tocarlas; puedes cogerlas con las manos.

Daie tiene razón. Dice:

Todas las enseñanzas que expusieron los sabios no son más que comentarios a tu grito repentino: "¡AH, ESTO!".

Todo el corazón salvando "¡Ajá!" ¡Y el silencio que le sigue, y la paz, y la alegría, y el encuentro, y la fusión, y la experiencia orgásmica, el éxtasis...!

Los maestros no enseñan la verdad; no hay forma de enseñarla. Es una transmisión más allá de las escrituras, más allá de las palabras. Es una transmisión. Es energía que provoca energía en ti. Es una especie de sincronicidad.

El Maestro ha desaparecido como ego; es pura alegría. Y el discípulo se sienta al lado del Maestro participando lentamente de su alegría, de su ser, comiendo y bebiendo de esa fuente eterna e inagotable: AIS DHAMMO SANANTANO. Y un día... y uno no puede predecir cuándo llegará ese día; es impredecible. Un día, de repente, ha sucedido: se ha iniciado en ti un proceso que te revela la verdad de tu ser. Te encuentras cara a cara contigo mismo. Dios no está en otra parte: está ahora, aquí.

Los Maestros iluminan y confirman la realización. Iluminan de mil y una maneras. Siguen señalando hacia la verdad: dedos apuntando a la luna. Pero hay muchos tontos que empiezan a aferrarse a los dedos. Si te aferras a los dedos no verás la luna, recuérdalo. Hay tontos aún más tontos que empiezan a morderse los dedos. Eso no te dará ningún alimento. Olvídate del dedo y mira hacia dónde apunta.

Los Maestros iluminan. Derraman una gran luz—son luz—derraman una gran luz sobre tu ser. Son como un reflector: enfocan su ser en tu ser. Has vivido en la oscuridad durante siglos, durante millones de vidas. De repente, el reflector de un Maestro empieza a revelar algunos territorios olvidados en ti. Están dentro de ti; el Maestro no los trae, simplemente trae su luz, se centra en ti. Y el Maestro llama a enfocarse sólo cuando el discípulo está abierto, cuando el discípulo está rendido, cuando el discípulo está dispuesto a aprender, no a discutir, cuando el discípulo no ha venido a acumular conocimiento sino a conocer la verdad, cuando el discípulo no sólo es curioso sino que es un buscador y está dispuesto a arriesgarlo todo. Incluso si hay que arriesgar y sacrificar la vida, el discípulo está dispuesto. De hecho, cuando arriesgas tu vida soñolienta, sacrificas tu vida soñolienta, alcanzas una calidad de vida totalmente diferente: la vida de la luz, del amor, la vida que está más allá de la muerte, más allá del tiempo, más allá del cambio.

Iluminan y confirman la realización. Primero el Maestro ilumina el camino, la verdad que está dentro de ti. Y segundo: cuando te das cuenta, cuando la reconoces.... Es muy difícil para ti creer que la has alcanzado. Lo más increíble es cuando te ocurre la realización de la verdad, porque te han dicho que es muy difícil, casi imposible, y que se necesitan millones de vidas para llegar a ella. Y te han dicho que está en otra parte—tal vez en el cielo—y cuando la reconoces dentro de ti, ¿cómo puedes creerlo?

El Maestro lo confirma. Dice: "¡Sí, esto es!". Su confirmación es tan necesaria como su iluminación. Comienza iluminando y termina confirmando. Los Maestros son la prueba de la verdad, no su prueba.

Medita sobre la sutil diferencia entre evidencia y prueba. El Maestro es una prueba; es un testigo. Ha visto, ha conocido, se ha convertido. Puedes sentirlo; la evidencia puede sentirse. Puedes acercarte más y más; puedes permitir que la fragancia del Maestro penetre hasta lo más profundo de tu ser. El Maestro es sólo una evidencia, no una prueba. Si quieres pruebas... no hay pruebas.

Dios no se puede demostrar ni refutar; no es un argumento. Dios no es una hipótesis, no es una teoría: es experiencia. El Maestro es una prueba viviente. Pero para verlo necesitarás un enfoque diferente al que estás acostumbrado.

Sabes cómo acercarte a un maestro, cómo acercarte a un profesor, cómo acercarte a un sacerdote. No requieren mucho porque simplemente imparten información que se puede hacer incluso con un magnetófono o con un ordenador o con un disco de gramófono o con un libro.

FUI ESTUDIANTE EN UNA UNIVERSIDAD. Nunca asistí a las clases de mis profesores.

Naturalmente, se ofendieron. Un día me llamó el jefe del departamento y me dijo: "¿Por qué has entrado en la universidad? Nunca te vemos, nunca asistes a clase. Y recuerda: cuando llegue la época de exámenes, no pidas el registro de asistencia, porque el setenta y cinco por ciento de asistencia es imprescindible para entrar en el examen".

Cogí la mano de aquel anciano y le dije: "Ven conmigo, te enseñaré dónde estoy y por qué he entrado en la universidad".

Le asustaba un poco saber adónde le llevaba y por qué. Y era bien sabido que yo era un poco excéntrico. Me dijo: "Pero, ¿adónde me llevas?".

Le dije: "Te demostraré que tienes que darme el cien por cien de asistencia. Ven conmigo".

Le llevé a la biblioteca y le dije al bibliotecario: "Dígale usted a este viejo... ¿ha habido un solo día en que yo no haya estado en la biblioteca?".

El bibliotecario dijo: "Ha venido incluso en vacaciones. Si la biblioteca no está abierta, este estudiante sigue sentado en el jardín de la biblioteca, pero viene. Y todos los días tenemos que decirle: 'Ahora, por favor, vete, porque es la hora de cerrar'".

Le dije al profesor: "Los libros me parecen mucho más claros que tus supuestos profesores. Y, además, se limitan a repetir lo que ya está escrito en los libros, así que ¿para qué seguir escuchándolos de segunda mano? Puedo mirar directamente en los libros".

Le dije: "Si puedes demostrar que tus profesores enseñan algo que no está en los libros, entonces estoy dispuesto a asistir a las clases. Si no puedes demostrarlo, entonces ten en cuenta que tienes que darme el cien por cien de asistencia... ¡de lo contrario crearé problemas!".

Y nunca fui a preguntarle; me atendió al cien por cien. Él siguió el punto; era tan simple. Me dijo: "Tienes razón. ¿Por qué escuchar conocimientos de segunda mano? Puedes ir directamente a los libros. Conozco a esos profesores; yo mismo no soy más que un disco de gramófono. La verdad", me dijo, "es que durante treinta años no he leído nada. Sólo sigo usando mis viejos apuntes".

Durante treinta años ha estado enseñando lo mismo una y otra vez; y en treinta años se han publicado millones de libros.

Sabes cómo acercarte a un profesor, sabes cómo acercarte a un libro, sabes cómo acercarte a información muerta, pero no sabes cómo acercarte a un Maestro. Es una forma totalmente diferente de comunión. No es comunicación, es comunión, porque el Maestro no es una prueba, sino una evidencia. No es un argumento a favor de Dios, es un testigo de Dios. No posee un gran conocimiento sobre Dios, lo sabe. No sabe, simplemente sabe.

Recuerde, saber ACERCA de no tiene ningún valor. La palabra "sobre" significa alrededor. Saber sobre algo significa moverse en círculos, dar vueltas y vueltas. La palabra "sobre"

es hermoso. Siempre que leas "acerca de", lee "alrededor de". Cuando alguien dice: "Yo sé SOBRE Dios", lee: él sabe ALREDEDOR de Dios. Va en círculo. Y el verdadero conocimiento nunca es sobre, nunca es alrededor; es directo, es una línea recta.

Jesús dice: "Recto es el camino....". No va en círculos, es un salto de la periferia al centro. El Maestro es una prueba de ese salto, de ese salto cuántico, de esa transformación.

Hay que acercarse al Maestro con gran amor, con gran confianza, con el corazón abierto.

No eres consciente de quién eres. Él es consciente de quién es, él es consciente de quién eres tú. Se podría decir que la oruga no es consciente de que puede convertirse en mariposa. Vosotros sois orugas—BODHISATTVAS. Todas las orugas son Bodhisattvas y todos los BODHISATTVAS son orugas. Un BODHISATTVA significa alguien que puede convertirse en una mariposa, que puede convertirse en un Buda, que es un Buda en la semilla, en esencia. Pero, ¿cómo puede la oruga ser consciente de que puede convertirse en mariposa? La única manera es estar en comunión con las mariposas, verlas moverse en el viento, en el sol. Al verlas elevarse, al verlas pasar de una flor a otra, al ver su belleza, su color, tal vez surja en la oruga un profundo deseo, un anhelo: "¿Puedo yo también ser igual?"

En ese mismo momento la oruga ha empezado a despertar, se ha desencadenado un proceso.

La relación Maestro/discípulo es la relación entre una oruga y una mariposa, una amistad entre una oruga y una mariposa. la mariposa no puede demostrar que la oruga puede convertirse en mariposa; no hay manera lógica. Pero la mariposa puede provocar un anhelo en la oruga: eso es posible.

El Maestro te ayuda a alcanzar tu propia experiencia. No te da los Vedas, el Corán, la Biblia; te lanza hacia ti mismo. Te hace consciente de tus fuentes internas.

Él te hace consciente de tu propio jugo, de tu propia piedad. Te libera de las escrituras. Te libera de las interpretaciones de otros. Te libera de toda creencia. Te libera de toda especulación, de toda conjetura. Te libera de la filosofía, de la religión y de la teología. En resumen, te libera del mundo de las palabras, porque la palabra es el problema.

Te obsesionas tanto con la palabra "amor" que olvidas que el amor es una experiencia, no una palabra. Te obsesionas tanto con la palabra "Dios" que olvidas que Dios es una experiencia, no una palabra. La palabra "Dios" no es Dios, y la palabra "fuego" no es fuego, y la palabra "amor" tampoco es amor.

El Maestro te libera de las palabras, te libera de todo tipo de filosofías imaginativas. Te lleva a un estado de silencio sin palabras. El fracaso de la religión y la filosofía es que se convierten en sustitutos de la experiencia real. ¡Cuidado con ello!

Marlene y Florence, dos secretarias de Denver, charlaban durante el almuerzo.

"Anoche me violó un becario", susurró Marlene.

"¿En serio?", dijo Florence. "¿Cómo sabías que era un erudito?"

"Tenía que ayudarle".

Los eruditos son personas lisiadas, paralizadas, colgadas de la cabeza. Lo han olvidado todo excepto las palabras. Son grandes creadores de sistemas. Acumulan bellas teorías; las ordenan en bellos patrones, pero eso es todo lo que hacen. No saben nada, aunque engañan a los demás y se engañan a sí mismos diciendo que saben.

Un hombre entró en un restaurante para almorzar y cuando llegó el camarero le dijo: "Quiero un plato de chucherías, por favor".

"¿Qué?", dijo el camarero.

"Kiddlies", dijo el hombre.

"¿Qué?", volvió a decir el camarero.

Así que el hombre cogió el menú y señaló lo que quería. "Kiddlies", repitió con firmeza.

"Ah", dijo el camarero. "Ya veo. Riñones. ¿Por qué no lo dijiste?"

"Pero", dijo el hombre, "yo dije kiddlies, diddle I?"

Es muy difícil sacarlos. Viven en sus propias palabras. Han olvidado que la realidad tiene algo más que palabras. Están completamente sordos, completamente ciegos. No ven, no oyen, no sienten. Las palabras son palabras. No puedes verlas, no puedes sentirlas, pero pueden darte un gran ego.

Un caníbal corrió a su aldea para hacer correr la voz de que una partida de caza había capturado a un teólogo cristiano.

"Bien", dijo entusiasmado uno de los caníbales, "siempre he querido probar un bocadillo de mortadela".

Cuidado con perderse en la filosofía y la religión si de verdad quieres saber qué es la verdad.

Cuidado con ser cristiano, hindú, mahometano, porque todas son formas de ser sordo, ciego, insensible.

Tres caballeros británicos sordos viajaban en un tren con destino a Londres.

El primero dijo: "Disculpe, revisor, ¿qué estación es ésta?".

"Wembley, señor", respondió el revisor.

"¡Dios santo!", exclamó el segundo inglés. "Estoy seguro de que es jueves".

"Yo también", coincidió el tercero. "Vayamos todos al vagón bar y tomemos una copa".

Así ocurre entre profesores, filósofos, teólogos. No pueden oír lo que se dice. Tienen sus propias ideas y están tan llenos de ellas, tantas capas gruesas de palabras, que la realidad no puede alcanzarles.

ZEN DICE: SI PUEDES DEJAR DE FILOSOFIZAR, hay una esperanza para ti. En el momento en que dejas de filosofar te vuelves inocente como un niño. Pero recuerda:—el énfasis del Zen en el no saber no significa que enfatice la ignorancia. No saber no es ignorancia; no saber es un estado de inocencia. No hay ni conocimiento ni ignorancia; ambos han sido trascendidos.

Un ignorante es aquel que ignora; de ahí viene la palabra. La raíz es "ignorar".

La persona ignorante es aquella que sigue ignorando algo esencial. En ese sentido, la persona conocedora es la persona más ignorante, porque sabe sobre el cielo y el infierno y no sabe nada sobre sí misma. Sabe acerca de Dios, pero no sabe nada acerca de quién es, qué es esta conciencia interior. Es ignorante porque ignora lo MÁS fundamental de la vida: se ignora a sí mismo. Se mantiene ocupado con lo no esencial. Es un ignorante, lleno de conocimiento, pero totalmente ignorante.

No saber significa simplemente un estado de no-mente. La mente puede ser conocedora, la mente puede ser ignorante. Si tienes poca información, se te considerará ignorante; si tienes más información, se te considerará conocedor. Entre ignorancia y conocimiento la diferencia es de cantidad, de grados. La persona ignorante es menos conocedora, eso es todo; la persona muy conocedora puede aparecer ante el mundo como menos ignorante, pero no son diferentes, sus cualidades no son diferentes.

El Zen hace hincapié en el estado de no saber. No saber significa no ser ignorante ni entendido. No se sabe porque no interesa la mera información, y no se es ignorante porque no se ignora la búsqueda más esencial. No se ignora el propio ser, la propia conciencia.

El desconocimiento tiene una belleza propia, una pureza. Es como un espejo puro, un lago totalmente silencioso que refleja las estrellas y los árboles de la orilla. El estado de no saber es el punto más alto en la evolución del hombre.

El conocimiento se introduce en la mente después del nacimiento físico. El conocimiento siempre está presente, como el corazón que sabe latir, o una semilla que sabe brotar, o una flor que sabe crecer, o un pez que sabe nadar. Y es muy diferente del conocimiento de las cosas. Así que, por favor, haz una distinción entre conocimiento y saber.

El estado de no saber es realmente el estado de saber, porque cuando todo el conocimiento y toda la ignorancia han desaparecido, puedes reflejar la existencia tal y como es. El conocimiento se adquiere después del nacimiento, pero el conocimiento viene contigo. Y cuanto más conocimiento adquieres, más y más ignorancia empieza a desaparecer porque se cubre de conocimiento.

El conocimiento es exactamente como el polvo y conocer es como un espejo.

El corazón del conocimiento es el ahora. El conocimiento es siempre pasado. El conocimiento significa memoria. El conocimiento significa que has sabido algo, que has experimentado algo y que has acumulado tu experiencia. El conocimiento es del presente. ¿Y cómo puedes estar en el presente si te aferras demasiado al conocimiento? Eso es imposible; tendrás que dejar de aferrarte al conocimiento. Y el conocimiento se adquiere:

conocer es tu naturaleza. Saber es siempre ahora... el corazón del saber es ahora. ¿Y el corazón del ahora...?

La palabra "ahora" es preciosa. Su corazón es la letra "O", que también es el símbolo del cero. El corazón del ahora es cero, la nada. Cuando la mente ya no existe, cuando eres sólo una nada, sólo un cero -Buda lo llama exactamente así, SHUNYA, el cero-, entonces todo lo que te rodea, TODO lo que está dentro y fuera, es conocido, pero conocido no como conocimiento, conocido de una manera totalmente diferente. De la misma manera que la flor sabe cómo abrirse, y el pez sabe cómo nadar, y el niño sabe en el vientre de la madre cómo crecer, y tú sabes cómo respirar—incluso dormido, incluso en coma, sigues respirando—y el corazón sabe cómo latir. Este es un tipo de conocimiento totalmente diferente, tan intrínseco, tan interno. No se adquiere, es natural.

El conocimiento se obtiene a cambio de saber. Y cuando tienes conocimiento, ¿qué pasa con el conocimiento? Olvidas el conocimiento. Has obtenido el conocimiento y has olvidado el conocimiento. Y el conocimiento es la puerta a lo divino; el conocimiento es una barrera a lo divino. El conocimiento tiene utilidad en el mundo. Sí, te hará más eficiente, hábil, un buen mecánico, esto y lo otro; puede que seas capaz de ganar más dinero. Todo eso está ahí y no lo niego. Y puedes utilizar el conocimiento de esa manera; pero no dejes que el conocimiento se convierta en una barrera para lo divino. Siempre que el conocimiento no sea necesario, déjalo a un lado y sumérgete en un estado de no saber, que también es un estado de saber, de verdadero saber. El conocimiento se obtiene a cambio del saber y el saber se olvida. Solo tiene que ser recordado—tu lo has olvidado.

La función del Maestro es ayudarte a RE-cordarlo. La mente tiene que ser RE-mente, porque conocer no es más que RE-conocimiento, RE-recolección, RE-recuerdo. Cuando te encuentras con alguna verdad, cuando te encuentras con un Maestro, y ves la verdad de su ser, algo dentro de ti la reconoce inmediatamente. No se pierde ni un instante.

No piensas en ello, si es verdad o no—pensar necesita tiempo. Cuando escuchas la verdad, cuando sientes la presencia de la verdad, cuando entras en estrecha comunión con la verdad, algo dentro de ti la reconoce inmediatamente, sin argumentación.

No es que lo aceptes, no es que lo creas: lo reconoces. Y no podría reconocerlo si no lo conociera ya de algún modo, en algún lugar, en lo más profundo de su ser.

Este es el enfoque fundamental del Zen.

"¿Tu hermanito ya ha aprendido a hablar?"

"Oh, claro", respondió el pequeño Mike. "Ahora mamá y papá le están enseñando a guardar silencio".

La sociedad te enseña conocimientos. Tantas escuelas, colegios, universidades... todos se dedican a crear conocimiento, más conocimiento, a implantar conocimiento en la gente. Y la función del Maestro es justo la contraria: lo que tu sociedad te ha hecho el Maestro tiene que deshacerlo. Su función es básicamente antisocial, y no se puede hacer nada al respecto. El Maestro está obligado a ser antisocial.

Jesús, Pitágoras, Buda, Lao Tzu, todos ellos son antisociales. No es que quieran ser antisociales, pero en el momento en que reconocen la belleza del no saber, la inmensidad del no saber, la inocencia del no saber, en el momento en que les sucede el sabor del no saber, quieren impartirlo a los demás, quieren compartirlo con los demás. Y ese mismo proceso es antisocial.

La gente me pregunta por qué la sociedad está contra mí. La sociedad NO está en mi contra, yo soy antisocial. Pero no puedo evitarlo, tengo que hacer lo mío. Tengo que compartir lo que me ha ocurrido, y al compartirlo voy en contra de la sociedad. Toda su estructura se basa en el conocimiento, y la función del Maestro es destruir tanto el conocimiento como la ignorancia y devolverte tu infancia.

Jesús dice: Si no sois como niños, no entraréis en el Reino de Dios.

La sociedad, de hecho, te desarraiga de tu naturaleza. Te empuja fuera de tu centro.

Te vuelve neurótico.

Dirigiendo un curso universitario, un famoso psiquiatra fue preguntado por un estudiante: "Señor, usted nos ha hablado de la persona anormal y de su comportamiento, pero ¿qué hay de la persona normal?".

"Cuando lo encontremos", respondió el psiquiatra, "lo curaremos".

La sociedad sigue curando a la gente normal. Todos los niños nacen normales, recuerda; luego la sociedad los cura. Entonces se vuelve anormal. Se vuelve hindú, mahometano, cristiano, comunista, católico... hay tantos tipos de neurosis en el mundo. Puedes elegir, puedes comprar el tipo de neurosis que quieras. La sociedad crea de todo; hay neurosis de todos los tamaños y formas, al gusto de cada uno.

El Zen te cura de tu anormalidad. Te hace de nuevo normal, te hace de nuevo ordinario. No te convierte en un santo, recuerda. No te convierte en una persona santa, recuerda. Simplemente te convierte en una persona normal, te devuelve a tu naturaleza, a tu fuente.

Esta hermosa anécdota:

ASCENDIENDO AL ASIENTO ALTO, DOGEN ZENJI DIJO: "EL MAESTRO ZEN HOGEN ESTUDIÓ CON KEISHIN ZENJI.

UNA VEZ KEISHIN ZENJI LE PREGUNTO, JOZA, ¿A DONDE VAS?'

HOGEN DIJO, 'ESTOY PEREGRINANDO SIN RUMBO'.

KEISHIN DIJO, '¿CUÁL ES EL ASUNTO DE TU PEREGRINAJE?'

HOGEN DIJO: "NO LO SÉ".

KEISHIN DIJO, 'NO SABER ES LO MÁS ÍNTIMO'.

HOGEN ALCANZÓ DE REPENTE UNA GRAN ILUMINACIÓN".

MEDITA AHORA SOBRE CADA PALABRA de esta pequeña anécdota; contiene todas las grandes escrituras del mundo. Contiene más de lo que contienen todas las grandes escrituras—porque también contiene el no saber.

ASCENDIENDO AL ALTO ASIENTO...

Es una forma simbólica y metafórica de decir algo muy significativo. El Zen dice que el hombre es una escalera. El peldaño más bajo es la mente y el peldaño más alto de la escalera es la no-mente. El Zen dice que sólo las personas que han alcanzado la no-mente son lo suficientemente dignas como para ascender al trono y hablar a la gente, no a todo el mundo. No se trata de un sacerdote o un predicador.

Los cristianos forman predicadores; tienen facultades de teología donde se forman predicadores.

¿Qué clase de tontería es ésta? Sí, se les puede enseñar el arte de la elocuencia; se les puede enseñar cómo empezar un discurso, cómo terminarlo. Y eso es exactamente lo que se enseña en las facultades de teología cristianas. Incluso qué gestos hacer, cuándo hacer una pausa, cuándo hablar despacio y cuándo en voz alta... todo se cultiva. Y estos estúpidos van predicando sobre Jesús, ¡y no han hecho ni una sola pregunta!

Una vez visité una facultad de teología. El director era amigo mío y me invitó. Le pregunté: "¿Puede decirme en qué facultad de teología estudió Jesús?—Como el Sermón de la Montaña es tan hermoso, debió de aprender en alguna facultad de teología. ¿En qué colegio teológico aprendió Buda?".

Mahoma era absolutamente inculto, pero la forma en que habla, la forma en que canta en el Corán, es soberbia. Viene de otra parte. No es educación, no es conocimiento. Viene de un estado de no-mente.

El pequeño Johnny era el hijo del pastor local. Un día, su profesor preguntó a la clase qué querían ser de mayores.

Cuando le tocó responder, contestó: "Quiero ser ministro como mi padre".

La profesora quedó impresionada por su determinación y le preguntó por qué quería ser predicador.

"Bueno", dijo pensativo, "como de todos modos tengo que ir a la iglesia los domingos, me imagino que sería más interesante ser el tipo que se levanta y grita que el que tiene que sentarse y escuchar".

Puedes crear predicadores, pero no puedes crear Maestros.

En la India, la sede desde la que habla un Maestro se llama VYASPEETHA. Vyasa fue uno de los más grandes Maestros que ha producido la India, uno de los Budas más antiguos. Fue tan influyente, su impacto fue tan tremendo, que existen miles de libros en su nombre que no fueron escritos por él. Pero su nombre llegó a ser tan importante que cualquiera que quisiera vender su libro ponía el nombre de Vyasa en lugar de poner su propio nombre.

Su nombre era garantía suficiente de que el libro era valioso. Ahora los estudiosos se vuelven locos decidiendo cuál es el verdadero libro escrito por Vyasa.

El asiento desde el que habla un Buda se llama VYASPEETHA, el asiento del Buda.

A nadie más se le permite ascender al asiento a menos que haya alcanzado la no-mente.

ASCENDER AL ASIENTO SUPERIOR es una metáfora: dice que el hombre ha alcanzado el estado de no-mente, ha alcanzado el estado de no-saber que es el verdadero saber.

...DOGEN ZENJI DIJO: "EL MAESTRO ZEN HOGEN ESTUDIÓ CON KEISHIN ZENJI.

UNA VEZ KEISHIN ZENJI LE PREGUNTÓ: JOZA, ¿A DÓNDE VAS?".

Es una forma zen de decir: "¿Cuál es tu objetivo en la vida? ¿Hacia dónde vas?". También implica otra pregunta: "¿De dónde vienes? ¿Cuál es la fuente de tu vida?".

También implica: "¿Quién eres?".—porque si puedes responder de dónde vienes y a dónde vas, eso significa que debes saber quién eres.

Las tres preguntas más importantes son: "¿Quién soy? ¿De dónde vengo? ¿Y hacia dónde voy?".

...KEISHIN ZENJI PREGUNTÓ "JOZA, ¿A DÓNDE VAS?"

HOGEN DIJO: "ESTOY PEREGRINANDO SIN RUMBO".

Observa la belleza de la respuesta. Así es como ocurren cosas tremendamente bellas entre un Maestro y un discípulo. Él dijo:

"ESTOY PEREGRINANDO SIN RUMBO".

Si vas a la Kaaba, entonces no es una peregrinación porque hay un objetivo en ella; si vas a Jerusalén o a Kashi no es una peregrinación. Dondequiera que haya un objetivo hay ambición, y dondequiera que haya ambición hay mente, deseo. Y con deseo no hay posibilidad de ninguna peregrinación.

Una peregrinación sólo puede ser sin rumbo. ¡Mira qué belleza! Sólo un Maestro Zen puede aprobarlo y sólo un discípulo Zen puede decir algo tan tremendamente revolucionario.

"ESTOY PEREGRINANDO SIN RUMBO".

El Maestro pregunta: "¿Adónde vas?". Y el discípulo responde: "A ningún sitio en particular".

Sin rumbo, como una hoja seca en el viento, dondequiera que el viento la lleve: al norte, entonces el norte es hermoso; al sur, entonces el sur es hermoso—porque todo es divino.

Vayas donde vayas te lo encuentras. No es necesario tener ningún objetivo.

En el momento en que tienes un objetivo, te pones tenso; te concentras en el objetivo.

En el momento en que tienes un objetivo, estás separado del todo. Tienes un objetivo privado, y tener un objetivo privado es la raíz de todo ego. No tener un objetivo privado es ser uno con el todo, y ser uno con el todo sólo es posible si vagas sin rumbo.

Una persona Zen es un vagabundo, sin rumbo, sin meta, sin futuro. Momento a momento vive sin ninguna mente; al igual que la hoja seca, se pone a disposición de los vientos. Dice a los vientos: "Llevadme donde queráis". Si se eleva sobre los vientos en lo alto del cielo no se siente superior a otros que están tumbados en el suelo. Si cae al suelo, no se siente inferior a otros que se elevan con el viento en lo alto del cielo. No puede fracasar. No puede sentirse frustrado. Cuando no hay meta, ¿cómo puedes fracasar? Y cuando no vas a ninguna parte en particular, ¿cómo puedes sentirte frustrado?

Las expectativas traen frustraciones. Las ambiciones privadas traen fracasos.

La persona Zen siempre sale victoriosa, incluso en su fracaso.

KEISHIN DIJO, "¿CUÁL ES EL ASUNTO DE TU PEREGRINACIÓN?"

Pregunta de nuevo para cerciorarse, porque puede estar simplemente repitiendo Puede que haya leído en algunas antiguas escrituras Zen que "Uno debe estar sin rumbo. Cuando uno no tiene rumbo, la vida es un peregrinaje". De ahí que el Maestro pregunte de nuevo:

... "¿CUÁL ES EL MOTIVO DE TU PEREGRINACIÓN?"

HOGEN DIJO: "NO LO SÉ".

Ahora bien, si Hogen sólo estuviera repitiendo algunos conocimientos recogidos de las escrituras o de otros, habría vuelto a responder lo mismo, quizá parafraseado de otra manera. Habría sido como un loro. El Maestro hace la misma pregunta, pero la respuesta ha cambiado, ha cambiado totalmente. Simplemente dice: "No lo sé".

¿Cómo puedes saber si no tienes rumbo? ¿Cómo puedes saber si no tienes ningún objetivo? ¿Cómo puedes ser si no tienes ningún objetivo? El ego sólo puede existir con metas, ambiciones, deseos.

HOGEN DIJO: "NO LO SÉ".

Su respuesta no es como la de un loro. No ha vuelto a repetir lo mismo. La pregunta era la misma, recuerda, pero la respuesta ha cambiado. Esa es la diferencia entre una persona que sabe y un hombre que sabe, el sabio, que funciona desde un estado de no-saber.

"NO LO SÉ."

Keishin debe haber estado tremendamente feliz. Dijo:

"NO SABER ES LO MÁS ÍNTIMO".

El conocimiento crea una distancia entre tú y la realidad. Cuanto más sabes, mayor es la distancia - tantos libros entre tú y la realidad. Si has atiborrado toda la ENCICLOPEDIA BRITÁNICA, entonces hay mucha distancia entre tú y la realidad. A menos que la realidad trate de encontrarte a través de la jungla de la ENCICLOPEDIA BRITÁNICA o tú trates de encontrar la realidad a través de la jungla de la ENCICLOPEDIA BRITÁNICA, no habrá ningún encuentro. Cuanto más sabes, mayor es la distancia; cuanto menos sabes, menor es la distancia. Si no sabes nada, no hay distancia. Entonces estás cara a cara con la realidad; ni siquiera cara a cara... TÚ ERES LA REALIDAD. Por eso dijo el Maestro:

"NO SABER ES LO MÁS ÍNTIMO".

Recuerda, un sutra tan hermoso, tan exquisito, tan tremendamente significativo:

"NO SABER ES LO MÁS ÍNTIMO".

En el momento en que no lo sabes, surge la intimidad entre tú y la realidad, surge una gran amistad. Se convierte en una relación amorosa. Estás abrazando la realidad; la realidad penetra en ti, como los amantes penetran el uno en el otro. Te fundes en ella como la nieve se funde al sol. Te conviertes en uno con ella. No hay nada que divida. Es el conocimiento el que divide; es el no-saber el que une.

Escuchando este sutra tremendamente significativo:

"NO SABER ES LO MÁS ÍNTIMO", HOGEN ALCANZÓ DE REPENTE UNA GRAN ILUMINACIÓN.

DEBE HABER ESTADO MUY CERCA, obviamente. Cuando dijo, "NO LO SÉ,"

debía de estar justo en el límite. Cuando dijo: "HAGO PILGRIMAJE SIN OBJETIVO", estaba a un paso del límite. Cuando dijo: "NO LO SÉ", incluso ese paso desapareció. Estaba en la línea fronteriza.

Y cuando el Maestro dijo, cuando el Maestro confirmó, iluminó, y dijo: "NO SABER ES LO MÁS INTIMO"... cuando el Maestro le dio una palmadita en la espalda:

"NO SABER ES LO MÁS ÍNTIMO"....

HOGEN ALCANZÓ DE REPENTE UNA GRAN ILUMINACIÓN.

INMEDIATAMENTE, en ese mismo instante, cruzó la frontera. Inmediatamente desapareció su último aferramiento. Ahora ni siquiera puede decir: "No lo sé".

El estúpido dice "lo sé"; el inteligente llega a saber que "no lo sé". Pero hay una trascendencia de ambos cuando sólo prevalece el silencio. Nada puede decirse, nada puede pronunciarse. Hogen entró en ese silencio, en esa gran iluminación, y de repente, inmediatamente, sin ningún lapso de tiempo.

La iluminación es siempre repentina porque no es un logro; ya es el caso. Es sólo un recordar, es sólo un recordatorio, es sólo un reconocimiento. Ya estás iluminado, sólo que no eres consciente de ello. Es la conciencia de lo que ya es.

Medita sobre esta hermosa anécdota. Deja que este sutra resuene en tu ser:

"NO SABER ES LO MÁS ÍNTIMO".

Y uno nunca sabe: la iluminación repentina puede sucederte como le sucedió a Hogen. Le va a suceder a mucha gente aquí, porque lo que estoy haciendo cada día es destruir tu conocimiento, destruir y destruir todos tus aferramientos y estrategias de la mente. Cualquier día en que tu mente se derrumbe, cuando ya no puedas mantenerla unida, se producirá una iluminación repentina. No es un logro, por lo tanto puede suceder en un solo momento, instantáneamente. La sociedad te ha obligado a olvidarlo; mi trabajo aquí es ayudarte a recordarlo.

Neti Neti

L a primera pregunta
MAESTRO,
POR FAVOR, EN LA PREGUNTA "¿QUIÉN SOY YO?" ¿QUÉ SIGNIFICA "YO"? ¿SIGNIFICA LA ESENCIA DE LA VIDA?

Hermann Sander,

"¿QUIÉN SOY?" NO ES REALMENTE UNA PREGUNTA porque no tiene respuesta; es incontestable. Es un recurso, no una pregunta. Se utiliza como un mantra. Cuando te preguntas constantemente: "¿Quién soy? ¿Quién soy?", no esperas una respuesta. Tu mente te dará muchas respuestas; todas esas respuestas tienen que ser rechazadas. Tu mente dirá: "Tú eres la esencia de la vida. Tú eres el alma eterna. Eres divino", y así sucesivamente. Todas esas respuestas tienen que ser rechazadas: NETI NETI—uno tiene que seguir diciendo: "Ni esto ni aquello".

Cuando has negado todas las respuestas posibles que la mente puede proporcionar e idear, cuando la pregunta sigue siendo absolutamente incontestable, ocurre un milagro: de repente, la pregunta también desaparece. Cuando se han rechazado todas las respuestas, la pregunta ya no tiene puntales, ni apoyos interiores en los que sostenerse. Simplemente se cae, se derrumba, desaparece.

Cuando la pregunta también ha desaparecido, entonces sabes. Pero ese saber no es una respuesta: es una experiencia existencial. No se puede decir nada al respecto, o lo que se diga será erróneo. Decir algo sobre ella es falsificarla. Es el misterio supremo, inexpresable, indefinible. Ninguna palabra es suficiente para describirlo. Ni siquiera la expresión "esencia de la vida" es adecuada; ni siquiera "Dios" es adecuada. Nada es adecuado para expresarlo; su propia naturaleza es inexpresable.

Pero tú lo sabes. Lo sabes exactamente como la semilla sabe crecer, no como el profesor que sabe de química o física o geografía o historia, sino como el capullo que sabe abrirse al sol de la mañana. No como el sacerdote que sabe de Dios; da vueltas y vueltas, da vueltas y vueltas.

El conocimiento se va por las ramas: conocer es una penetración directa. Pero en el momento en que penetras directamente en la existencia, desapareces como entidad separada. Ya no eres nada.

Cuando el CONOCEDOR no es más que el conocimiento. Y el conocimiento no es ACERCA de algo - tú eres el conocimiento mismo.

Así que no puedo decir, Sander, qué significa "yo" en la pregunta "¿Quién soy yo?". No significa nada. Es sólo un dispositivo para conducirte a lo desconocido, para conducirte a lo inexplorado, para conducirte a lo que no está disponible para la mente. Es una espada para cortar las raíces mismas de la mente, de modo que sólo quede el silencio de la no-mente. En ese silencio no hay pregunta, ni respuesta, ni conocedor, ni conocido, sino sólo conocimiento, sólo experiencia.

Por eso los místicos parecen tener tantas dificultades para expresarlo. Muchos de ellos han permanecido en silencio por la conciencia de que todo lo que dices sale mal; en el momento en que lo dices, sale mal. Los que han hablado, lo han hecho con la condición:

"No te aferres a nuestras palabras".

Lao Tzu dice: "El Tao, una vez descrito, ya no es el verdadero Tao". En el momento en que dices algo sobre él ya lo has falsificado, lo has traicionado. Es un conocimiento tan íntimo, incomunicable.

"¿Quién soy yo?" funciona como una espada para cortar todas las respuestas que la mente puede manejar. La gente del Zen dirá que es un koan, igual que otros koans. Hay muchos koans, koans famosos.

Una es: "Descubre tu rostro original". Y el discípulo pregunta al Maestro: "¿Cuál es el rostro original?". Y el Maestro dice: "El rostro que tenías antes de que nacieran tus padres".

Y empiezas a meditar sobre eso: "¿Cuál es tu cara original?" Naturalmente, tienes que negar todas tus caras. Empezarán a surgir muchos rostros: rostros de la infancia, de cuando eras joven, de cuando te hiciste de mediana edad, de cuando te hiciste viejo, de cuando estabas sano, de cuando estabas enfermo.... Todo tipo de rostros formarán una cola. Pasarán ante tus ojos afirmando: "Yo soy el rostro original". Y tienes que seguir rechazando.

Cuando todas las caras han sido rechazadas y queda el vacío, has encontrado la cara original. El vacío es el rostro original. El cero es la experiencia última. La nada, o más exactamente la NADA, es tu rostro original.

Otro koan famoso es: "El sonido de una mano aplaudiendo". El Maestro dice al discípulo: "Ve y escucha el sonido de una mano aplaudiendo". Esto es absurdo:

una mano no puede aplaudir y sin aplaudir no puede haber sonido. El Maestro lo sabe, el discípulo lo sabe. Pero cuando el Maestro dice: "Ve y medítalo", el discípulo tiene que seguirlo.

Empieza a esforzarse por escuchar el sonido de las palmas de una mano. Le vienen a la mente muchos sonidos: el canto de los pájaros, el sonido del agua al correr.... Corre inmediatamente hacia el Maestro y le dice: "¡Lo he oído! El sonido del agua corriendo... ¿no es el sonido de las palmas de una mano?".

Y el Maestro le da un fuerte golpe en la cabeza y le dice: "¡Tonto! Vuelve, medita más".

Y sigue meditando, y la mente sigue dando nuevas respuestas: "El sonido del viento pasando a través de los pinos—ciertamente esta es la respuesta". ¡Tiene tanta prisa!

Todo el mundo tiene prisa. Impaciente se precipita hacia la puerta del Maestro, un poco aprensivo, temeroso también, pero tal vez esta sea la respuesta....

E incluso antes de que haya dicho una sola cosa, el Maestro le golpea. Está muy desconcertado y dice: "¡Esto es demasiado! Ni siquiera he pronunciado una sola palabra, ¿cómo puedo equivocarme? ¿Y por qué me pegas?".

El Maestro dice: "No se trata de si has dicho algo o no. Has venido con una respuesta - eso es prueba suficiente de que debes estar equivocado. Cuando la hayas encontrado REALMENTE no vendrás; no habrá necesidad. Yo vendré a ti".

A veces pasan años, y un día ha sucedido, no hay respuesta. Primero el discípulo sabía que no había respuesta, pero era sólo un conocimiento intelectual. Ahora lo sabe desde lo más profundo de su ser: "¡No hay respuesta!". Todas las respuestas se han evaporado.

Y la señal segura de que todas las respuestas se han evaporado es sólo una: cuando la pregunta también se evapora. Ahora está sentado en silencio sin hacer nada, ni siquiera meditar. Ha olvidado la pregunta: "¿Qué es el sonido de una mano aplaudiendo?". Ya no existe. Es PURO silencio.

Y hay caminos... hay caminos interiores que existen entre un Maestro y un discípulo.

Y ahora el Maestro corre hacia el discípulo. Llama a su puerta. Abraza al discípulo y le dice: "¿Así que ha sucedido? Ya está. No hay respuesta, no hay pregunta: ya está. Ah, esto".

La segunda pregunta

MAESTRO,

SIENTO QUE LA VIDA ES MUY ABURRIDA. ¿QUÉ DEBO HACER?

Brij Mohan,

YA HAS HECHO BASTANTE. Has hecho que la vida sea aburrida... ¡vaya logro! La vida es una danza de éxtasis y tú la has reducido al aburrimiento.

¡Has hecho un milagro! ¿Qué más quieres hacer? No puedes hacer nada más grande que esto. ¿Vida y aburrimiento? Debes tener una tremenda capacidad para IGNORAR la vida.

El otro día te decía que la ignorancia es la capacidad de ignorar. Debes ignorar los pájaros, los árboles, las flores, la gente. De lo contrario, la vida es tan tremendamente bella, tan ABSURDAMENTE bella, que si puedes verla tal como es nunca dejarás de reírte. Seguirás riéndote... al menos por dentro.

La vida no es aburrida, pero la MENTE es aburrida. Y creamos tal mente, una mente tan fuerte, como una Muralla China a nuestro alrededor, que no permite que la vida entre en nosotros. Nos desconecta de la vida. Nos quedamos aislados, encapsulados, sin ventanas. Viviendo tras el muro de una prisión no ves el sol de la mañana, no ves los pájaros al vuelo, no ves el cielo en la noche lleno de estrellas. Y, claro, empiezas a pensar que la vida es aburrida.

Tu conclusión es errónea. TÚ estás en un espacio equivocado; estás viviendo en un contexto equivocado.

Debes ser una persona religiosa, Brij Mohan, porque para que la vida sea aburrida hay que ser religioso; hay que ser muy erudito. Hay que conocer el cristianismo, el hinduismo, el islam.

Hay que aprender mucho de los Vedas, del Corán y de la Biblia. Hay que estar muy bien informado. Un hombre que está demasiado bien informado, demasiado informado, crea un muro tan grueso de palabras -palabras inútiles, palabras vacías- a su alrededor que se vuelve incapaz de ver la vida.

El conocimiento es una barrera para la vida.

¡Deja a un lado tus conocimientos! Y luego mira con ojos vacíos... y la vida es una sorpresa CONSTANTE. Y no estoy hablando de una vida divina—la vida ORDINARIA es tan extraordinaria. En pequeños incidentes encontraras la presencia de Dios—un niño riendo, un perro ladrando, un pavo real bailando. Pero no puedes ver si tus ojos están cubiertos de conocimiento. El hombre más pobre del mundo es el que vive detrás de una cortina de conocimiento.

Los más pobres son los que viven a través de la mente. Los más ricos son los que han abierto las ventanas de la no-mente y han abordado la vida con la no-mente.

Brij Mohan, ésta no es sólo TU experiencia; no estás solo en ella. De hecho, la mayoría de la gente estará de acuerdo contigo. No encuentran ninguna sorpresa en ninguna parte. Y a cada momento hay sorpresas y sorpresas porque la vida nunca es la misma; cambia constantemente y da giros imprevisibles. ¿Cómo puedes permanecer inafectado por su propia maravilla? La única forma de no verte afectado es aferrarte a tu pasado, a tu experiencia, a tus conocimientos, a tus recuerdos, a tu mente. Entonces no puedes ver lo que es; sigues perdiéndote el presente.

Echa de menos el presente y vivirás aburrido. Si estás en el presente, te sorprenderás de que no hay aburrimiento en absoluto. Empieza por mirar a tu alrededor un poco más como un niño. Vuelve a ser un niño. En eso consiste la meditación: en volver a ser un niño, en renacer, en volver a ser inocente, en no saber. Eso es lo que decíamos el otro día. El Maestro dijo:

EL NO SABER ES LO MÁS ÍNTIMO.

Sí, te habrás alienado mucho de la vida, de ahí el aburrimiento. Has olvidado la intimidad, la inmediatez Ya no tienes puente. El conocimiento funciona como un muro:

la inocencia funciona como un puente.

Vuelve a parecer un niño. Ve a la orilla del mar y empieza de nuevo a recoger conchas.

Vea a un niño recogiendo conchas marinas, como si hubiera encontrado una mina de diamantes. Está encantado.

Ver a un niño haciendo castillos de arena y lo absorto que está, totalmente perdido, como si no hubiera nada más importante que hacer castillos de arena. Ver a un niño corriendo detrás de una mariposa... y volver a ser un niño. Vuelve a correr detrás de las mariposas. Haz castillos de arena, recoge conchas marinas.

No vivas como si supieras. No sabes nada. Todo lo que sabes es sobre y acerca de. En el momento en que SABES algo, el aburrimiento desaparece. Saber es tal aventura que el aburrimiento no puede existir. Con el conocimiento por supuesto que puede existir; con el saber no puede existir.

Y permítanme recordarles: No estoy hablando de algún conocimiento divino, de algún conocimiento esotérico; simplemente estoy hablando de ESTA vida. Basta con mirar a tu alrededor con un poco más de claridad, con un poco más de transparencia... ¡y la vida es divertidísima!

Una tienda del centro exhibía una placa en su escaparate en la que se leía: BUY AMERICAN. Impreso en letras pequeñas en la parte inferior estaba: MADE IN JAPAN.

Empieza a mirar a tu alrededor con más cuidado.

Un alemán de la zona soviética denunció a la policía la desaparición de su loro. Le preguntaron si el loro hablaba.

"Sí", respondió, "pero cualquier opinión política que exprese es estrictamente suya".

Molly, de setenta y nueve años, se quejó al médico de hinchazón y dolor abdominal. Éste la examinó a fondo, la sometió a una serie de pruebas de laboratorio y luego anunció los resultados.

"El hecho evidente, señora", dijo el médico, "es que está embarazada".

"Eso es imposible", dijo Molly. "¡Vaya, yo tengo setenta y nueve años y mi marido, aunque sigue trabajando, tiene ochenta y seis!".

El médico insistió, así que la futura madre cogió el teléfono de su mesa y llamó al despacho de su marido. Cuando se puso al teléfono, gritó: "¡Viejo cabrón, me has dejado embarazada!". "Por favor", graznó el anciano, "¿quién dice que llama?".

La tercera pregunta

MAESTRO,

SÉ QUE QUIERE QUE TODOS NOS DESHAGAMOS DE NUESTROS EGOS Y MENTES, Y EN MI CASO, SÉ QUE ES MUY NECESARIO, PERO PARA LOS QUE VAMOS A VOLVER A OCCIDENTE, ¿NO NOS HARÍA LA VIDA MUCHO MÁS DIFÍCIL UNA AUSENCIA TOTAL DE MENTE O EGO?

Prem Joyce,

CUANDO DIGO: "SUELTA EL EGO, SUELTA LA MENTE", no quiero decir que ya no puedas utilizar la mente. De hecho, cuando no te aferras a la mente puedes usarla de una manera mucho mejor, mucho más eficiente, porque la energía que estaba involucrada en el aferramiento se vuelve disponible. Y cuando no estás continuamente en la mente, veinticuatro horas al día en la mente, la mente también tiene un poco de tiempo para descansar.

¿Sabes?—hasta los metales necesitan descansar, hasta los metales se cansan. Entonces, ¿qué decir de este sutil mecanismo de la mente? Es el mecanismo MÁS sutil del mundo. En un cráneo tan pequeño llevas un bioordenador tan complicado que ningún ordenador hecho por el hombre es aún capaz de competir con él. Los científicos dicen que el cerebro de un solo hombre puede contener todas las bibliotecas del mundo y que aún habrá espacio suficiente para contener más.

Y lo utilizas continuamente, inútilmente, innecesariamente. Has olvidado cómo apagarlo. Durante setenta, ochenta años permanece encendida, trabajando, trabajando, cansada. Por eso la gente pierde inteligencia: por la sencilla razón de que están muy cansados. Si la mente puede descansar un poco, si puedes dejarla en paz durante unas horas cada día, si de vez en cuando puedes darle a la mente unas vacaciones, rejuvenecerá; será más inteligente, más eficiente, más hábil.

Así que NO estoy diciendo que NO uses tu mente, sino que no seas USADO por la mente.

Ahora mismo la mente es el amo y tú sólo eres un esclavo.

La meditación te convierte en amo y la mente en esclava. Y recuerda: la mente como amo es peligrosa porque, al fin y al cabo, es una máquina; pero la mente como esclava es tremendamente significativa, útil. Una máquina debe funcionar como máquina, no como amo. Nuestras prioridades están al revés: tu CONCIENCIA debería ser el amo.

Así que cuando quiera utilizarlo, en Oriente o en Occidente—por supuesto que lo necesitará en el mercado—¡ÚSELO! Pero cuando no lo necesites, cuando estés descansando en casa junto a tu piscina o en tu jardín, no es necesario. Déjelo a un lado. Olvídalo todo. Entonces, sólo sé.

Y lo mismo ocurre con el ego. No te identifiques con él, eso es todo. Recuerda que eres parte del todo; no estás separado de él.

Eso no significa que si alguien roba en tu casa simplemente tengas que mirar, porque tú sólo eres parte del todo y él también es parte del todo, así que ¿qué hay de malo? Y si alguien coge dinero de tu bolsillo, no hay problema: ¡la mano del otro es tan tuya como suya! No estoy diciendo eso.

Recuerda que formas parte del todo para poder relajarte, fundirte; de vez en cuando puedes ahogarte por completo en el todo. Y eso te dará un nuevo soplo de vida. Las fuentes inagotables de la totalidad estarán a tu disposición. Saldrás de ellas renovado, renacido, de nuevo como un niño, lleno de alegría, de indagación, de aventura, de éxtasis.

No te identifiques con el ego, aunque, en lo que concierne al mundo, tienes que funcionar como un ego—¡eso es sólo utilitario! Tienes que usar la palabra "yo"—usa la palabra "yo", pero recuerda que es sólo una palabra. Tiene cierta utilidad, y sin ella la vida será imposible. Si dejas de usar la palabra "yo" por completo, la vida se volverá imposible. Sabemos que los nombres son sólo utilitarios, nadie nace con un nombre. Pero no estoy diciendo que abandones el nombre y tires tu pasaporte al río. Entonces tendrás problemas. Necesitas un nombre; es una necesidad porque vives con mucha gente.

Si estás solo en el mundo, entonces, por supuesto, no hay necesidad de llevar un pasaporte. Si estás solo... por ejemplo, si ocurre la tercera guerra mundial y Joyce se queda sola, entonces no habrá necesidad de llevar un pasaporte; puedes tirarlo en cualquier parte. Entonces no habrá necesidad de tener ningún nombre. Aunque lo tengas, será inútil: nadie te llamará nunca. Entonces ni siquiera será necesario utilizar la palabra "yo", porque el "yo" necesita un "tú"; sin un "tú", el "yo" carece de sentido. Sólo tiene sentido en el contexto de los demás.

Así que no me malinterpretes. UTILIZA tu ego, pero utilízalo igual que utilizas tus zapatos, tu paraguas y tu ropa. Cuando llueva, usa el paraguas, pero no sigas llevándolo innecesariamente. Y no te vayas a la cama con el paraguas, y no tengas miedo de que en sueños pueda llover.... El paraguas tiene una utilidad, así que úsalo cuando sea necesario; pero no te identifiques tanto con el paraguas que no puedas dejarlo a un lado. Usa los zapatos, usa la ropa, usa el nombre... todo son utilidades, no realidades.

En el mundo, cuando hay tanta gente, necesitamos algunas etiquetas, algunos símbolos, sólo para demarcar, sólo para estar seguros de quién es quién.

Tú me preguntas: YO SÉ QUE QUIERES QUE TODOS NOSOTROS NOS DESHAGAMOS DE NUESTROS EGOS Y DE NUESTRAS MENTES....

No estoy diciendo que os "deshagáis"; simplemente estoy diciendo que seáis dueños de vuestras mentes. No os estoy diciendo que seáis descerebrados; sólo digo: no seáis sólo mentes, sois mucho más. Sed consciencias. Entonces la mente se convierte en algo pequeño. Puedes usarla cuando la necesites, y cuando no la necesites puedes posponerla.

Estoy utilizando mi mente cuando hablo contigo. La mente tiene que ser utilizada; no hay otra manera. Pero en el momento en que entro en mi habitación, no sigo utilizándola, no tiene sentido.

Entonces simplemente estoy en silencio. Contigo utilizo el lenguaje, las palabras, pero cuando estoy conmigo mismo no hay necesidad de ningún lenguaje, de ninguna palabra. Cuando estoy instalado en mí mismo y no hay cuestión de comunicación, el lenguaje desaparece. Entonces hay un tipo de conciencia totalmente diferente.

Ahora mismo mi conciencia está fluyendo a través de la mente, utilizando el mecanismo de la mente para acercarse a ti. Puedo alcanzarte con mi mano, pero yo no soy la mano. Y cuando te toco con la mano, la mano es sólo un medio; algo más te está tocando a través de la mano. Hay que utilizar el cuerpo, la mente, el ego, el lenguaje y todo tipo de cosas. Y se te permite utilizarlas con una sola condición: seguir siendo el maestro.

La cuarta pregunta

MAESTRO,

EL OTRO DÍA RESPONDISTE A MI PREGUNTA SOBRE AMAR A TRES MUJERES. DESDE ENTONCES HAN PASADO ALGUNAS COSAS. EN PRIMER LUGAR, TE ECHÉ DE MENOS PORQUE NO ESTABA EN EL DISCURSO SINO EN LOS BRAZOS DE LA ELEGIDA, QUE RESULTÓ SER UNA MALA ELECCIÓN PORQUE HUYÓ DIRECTAMENTE A LOS BRAZOS DE OTRA PERSONA DESPUÉS DE DARSE CUENTA DE QUE HABÍA SIDO ELEGIDA.

ENTONCES, A PESAR DE ESTO, LA PEQUEÑA COMUNA HA CRECIDO A CINCO MUJERES AHORA. UNA MUJER ES UN INFIERNO, PERO ¿QUÉ DECIR DE CINCO? PERO MIS AMIGOS ME HAN AYUDADO UN POCO. POR EJEMPLO, HAMID ME HA SUGERIDO QUE ME VUELVA GAY Y ME HA OFRECIDO UNA CITA CON ÉL.

VIVEK ME HA SUGERIDO QUE ESPERE HASTA QUE SEAN SIETE. PERO POR FAVOR, MAESTRO, ANTES DE DESAPARECER EN EL SÉPTIMO INFIERNO, YA HE PERDIDO TRES KILOS DE PESO. TE OFRECISTE A COMPRAR MI PARTE. ¿NO PODEMOS HABLAR DE NEGOCIOS AHORA? ¡LO DIGO EN SERIO!

Prem Aditya,

UN PREDICADOR ESTABA ESCUCHANDO a un joven confesar sus pecados. En medio de ella lo detuvo. "Un momento, joven", le dijo, "no te estás confesando... estás alardeando".

¡Ahora has empezado a presumir! Lo sé perfectamente... porque yo también estoy en contacto con tus tres mujeres. ¡Y también hablo en serio! No tienes cinco... incluso has perdido las tres. ¡Y hoy estás aquí porque no hay nadie con quien puedas estar!

Hamid es generoso... pero, recuerda, ¡es iraní!

Un día, cuando aún estaba en vigor el servicio militar obligatorio, Glascox recibió el aviso de reclutamiento. Se presentó ante la junta de reclutamiento y confesó que era homosexual.

"Marica, ¿eh?", gruñó uno de los miembros. "¿Crees que podrías matar a un hombre?"

"Oh, sí", rió Glascox, "¡pero me llevaría bastante tiempo!".

Y permítanme hacerles saber que antes de que puedan matar a un iraní, ¡el iraní les matará a ustedes!

Así que evita a Hamid... es generoso, ¡pero evítalo! También está cansado de las mujeres. Acaba de separarse de Divya, así que debe sentirse solo.

Y la sugerencia de Vivek es muy esotérica. Se está volviendo un poco esotérica, con el tiempo.

Al ser la médium principal tiene muchos médiums esotéricos a sus órdenes por lo que está aprendiendo algunos números esotéricos. ¡El siete es realmente peligroso!

Y tu suposición es correcta: siete mujeres te llevarán al séptimo infierno. Y ése es el último, el fondo de la roca; usted no puede caer debajo de ése. Vivek debe haber sugerido que una vez que haya caído a la parte inferior de la roca se empieza a subir de nuevo porque no hay ningún otro lugar a donde ir.

Y usted dice que ha perdido tres kilos de peso. Tu báscula no funciona bien, ¡debes haber perdido más! Es muy extraño que a las mujeres se las llame el sexo débil, pero no lo son. El hombre es el sexo débil.

Danny descubrió que su mujer le engañaba con otro, así que fue a ver a la mujer de este y se lo contó.

"Ya sé lo que vamos a hacer", dijo, "vamos a vengarnos de ellos".

Así que fueron a un motel y se vengaron de ellos.

Ella dijo: "Vamos a tener más venganza", y siguieron teniendo venganza, ...

Finalmente Danny dijo: "Ya es suficiente venganza... ya no me quedan rencores".

Ten un poco de cuidado... ¡esto es sólo el principio!

Una pareja se despierta tras la primera noche de su luna de miel. Ella se sienta en la cama, mira a su marido, que está tumbado desnudo a su lado, y le dice con voz sorprendida: "Cariño, ¿lo hemos consumido todo en una noche?".

Aditya, esto le pasa a casi todos los sannyasin varones nuevos al principio: al encontrar tantas mujeres aquí se vuelve loco. Pero al cabo de unas semanas entra en razón, y entonces se inicia un proceso totalmente inverso. Primero persigue a las mujeres; al cabo de unas semanas, las mujeres empiezan a perseguir a los hombres y ellos empiezan a escapar.

Muchas mujeres me han dicho: "¿Qué ha pasado aquí con los sannyasins masculinos? No parecen estar muy interesados en las mujeres. No se acercan a las mujeres, las evitan. En lugar de tomar la iniciativa, escapan: en cuanto ven que una mujer les persigue, escapan".

Lo que ocurre en el mundo ordinario es que el hombre tiene mucho que imaginar, fantasear, porque la sociedad no te permite muchas relaciones con mujeres, sólo una mujer. Y te cansas, te aburres, y tu mente empieza a vagar por ahí. Y todas las mujeres que no te pertenecen te parecen tremendamente hermosas, simplemente impresionantes, porque no están disponibles. Tu mente empieza a fantasear, tu mente entra en viajes.

Aquí es totalmente diferente. Esta comuna vive ahora en el futuro. Así es como va a ser en todo el mundo tarde o temprano. Esta comuna anuncia una nueva conciencia, una conciencia arraigada en la libertad. Hasta ahora has vivido en una profunda esclavitud, esclavitud psicológica.

Cuando consigues la libertad, al principio te precipitas locamente. Empiezas a hacer todo tipo de cosas que siempre quisiste hacer pero que no te permitían. Luego las cosas se calman. Te das cuenta de que todas las mujeres son iguales, igual que todos los hombres. Puede que haya diferencias, pero son periféricas. Alguien tiene el pelo negro y alguien tiene el pelo rubio y alguien tiene los ojos azules y alguien tiene los ojos negros - sólo diferencias periféricas.

Pero a medida que te vuelves más y más consciente de MUCHAS personas, a medida que te relacionas con muchas personas, una cosa te queda absolutamente clara: que TODOS los hombres son iguales -casi iguales-, al igual que todas las mujeres. Entonces empieza el asentamiento. Entonces empiezas a establecerte con una mujer, con un hombre, en una relación más íntima.

Esa intimidad no es posible en el mundo exterior porque tu mente siempre seguirá pensando que tu mujer, tu hombre, no tiene lo que otros tienen. Y no hay manera de descubrir la verdad. Aquí el camino está disponible; puedes descubrir la verdad. Y una vez que se conoce la verdad, empiezas a llegar a un acuerdo con una persona. Y este acuerdo no se aplica, no es un acuerdo legal. No serás castigado si te separas; nadie te impide separarte.

Pero, aun así, ahora comienzas un tipo de viaje totalmente diferente, una nueva peregrinación de intimidad, intimidad no impuesta. Y ahora ves que cuanto más profundamente quieres entrar en la otra persona, más tiempo se necesita, paciencia se necesita, muchos tipos de situaciones se necesitan.

Y la penetración física es el sexo, que es algo muy superficial. La penetración psicológica es el amor, que es mucho más profundo, mucho más significativo, mucho más bello, mucho más humano. La primera es animal, la segunda es humana. Y luego hay un tercer tipo de penetración: cuando dos conciencias se encuentran, se funden, se funden la una en la otra. Yo llamo a eso oración.

Aditya, muévete hacia la oración, porque sólo la oración te dará satisfacción REAL.

Sólo la oración te hará consciente de la divinidad de la otra persona, de la piedad de la otra persona. Y viendo la divinidad de la otra persona, de tu amado, serás consciente de tu propia divinidad.

El amor es un espejo. Una relación real es un espejo en el que dos amantes se ven las caras y reconocen a Dios. Es un camino hacia Dios.

Quinta pregunta

MAESTRO,

SOY BRITÁNICO DE NACIMIENTO Y MI AMIGO TAMBIÉN. ¿ALGUNA ESPERANZA?

Vivek,

NADIE NACE BRITÁNICO. Es una enfermedad que aparece más tarde. La aprendemos, no es innata. Igual que nadie nace alemán o indio. Son estructuras que se nos imponen más tarde, después del nacimiento. Son formas sociales de esclavizar tu psique, tu ser.

Toda sociedad impone ciertas formas, normas, reglamentos. Cada sociedad te da una forma, un rostro, una fachada.

Nadie es británico, nadie es alemán, nadie es indio. Por lo tanto, estas estructuras pueden abandonarse, uno puede escabullirse de ellas.

Lo único que se necesita es conciencia. Somos tan inconscientes que nos volvemos uno con la estructura, nos identificamos con ella. Empezamos a pensar que nosotros SOMOS. Y ahí es donde la enfermedad se convierte en un fenómeno permanente; se hace crónica. De lo contrario, uno puede dejar de ser británico o hindú o mahometano o comunista tan fácilmente como la serpiente se quita su vieja piel y nunca mira atrás.

En segundo lugar: no todos los británicos son británicos, no todos los alemanes son alemanes, no todos los indios son indios. Puedes encontrar algunos indios aquí, mis sannyasins o mis aspirantes a sannyasins; no son indios. Se han escapado de la prisión india. Ahora, hay muchos alemanes aquí, y cuando cuento chistes contra los alemanes se ríen tan relajadamente como te ríes tú. No se sienten heridos.

Cuando dije algo contra los británicos, los británicos fueron los que más se alegraron. Estaban contentos porque debían de sentir envidia de los alemanes. ¡Me la paso golpeando a los alemanes! Tengo cierta debilidad por Haridas, Govinddas, etc., ¡no paro de pegarles! Y los británicos deben sentirse un poco perdidos, rezagados.

Mis sannyasins no pertenecen a ninguna raza, a ningún país, a ninguna religión. De eso se trata mi sannyas: salir de todo tipo de prisiones, volverse simplemente humanos; declarar la propia universalidad, declarar que "Toda la tierra nos pertenece".

A medida que los sannyasins crezcan lentamente hasta convertirse en millones, vamos a crear problemas. Cuando tenga suficientes sannyasins les diré: "Ahora pueden quemar sus pasaportes y moverse libremente de un país a otro—porque la libertad de movimiento es un derecho de nacimiento".

Esto es tan feo, que no puedes moverte de un país a otro fácilmente; crean tantas barreras. Cuando pasas la frontera de un país a otro inmediatamente te das cuenta de que has estado en una prisión y estás entrando en otra prisión. La prisión es grande, así que cuando estás dentro no te das cuenta.

La persona que nunca ha salido de la India no será consciente de que vive en una gran prisión, pero cuando sales del país entonces sabes lo difícil que es: cómo te torturan durante horas, cuántos papeles tienes que rellenar, cuántas cosas tienes que hacer antes de poder cruzar la frontera. Entonces sabes que esto es una cárcel. Y tienes que hacer lo mismo en el otro país. Estos países son grandes prisiones.

La esperanza es que cuando haya millones de sannyasins, y hayamos creado suficiente energía naranja en el mundo, romperemos todas estas barreras.

Pero recuerda siempre: no todos los alemanes son alemanes, no todos los británicos son británicos, no todos los indios son indios. Esa es la única esperanza. Hay unos pocos que ESTÁN en la prisión pero no forman parte de ella: es sólo un accidente que hayan nacido en la India, un accidente que hayan nacido en Inglaterra; por lo demás, son almas libres. Son la verdadera esperanza de la humanidad, la verdadera esperanza del futuro.

Este deportista inglés había estado en el extranjero y regresó a su casa sin avisar. Mientras paseaba por el pasillo con su mayordomo, se asomó a su dormitorio y descubrió a su mujer haciendo el amor con un desconocido.

"¡Trae mi rifle de inmediato!", le ordenó a su mayordomo.

En cuestión de minutos le trajeron su rifle. Al levantarlo y apuntar, el mayordomo le dio una palmada en el hombro y le susurró: "Si me lo permite, señor, recuerde que es usted un verdadero deportista. Póngalo a tiro".

Ahora el mayordomo no es británico, ¡en absoluto!—tiene más sentido del humor.

Dos ingleses volvían a casa tarde por la noche de una fiesta de póquer. Uno de ellos dijo: "Siempre tengo miedo cuando vuelvo tarde de una fiesta como ésta. Apago el motor de mi coche a media manzana de casa y me meto en el garaje. Me quito los zapatos y me cuelo en casa.

Estoy lo más callado posible, pero invariablemente, en el momento en que me acomodo en la cama, mi mujer se levanta y empieza a reñirme".

El otro hombre dijo: "Es que tienes la técnica equivocada. Yo nunca tengo problemas. Irrumpo en el garaje, doy un portazo, entro en la casa y armo un jaleo de mil demonios.

Luego subo al dormitorio, le doy una palmadita a mi mujer y le digo: '¿Qué tal, chaval? Ella siempre se hace la dormida".

Sexta pregunta

MAESTRO,

SIN PASIÓN, SIN CELOS Y CON TANTO AMOR. ¿PUEDE SER VERDAD QUE ESTE SUFRIMIENTO HAYA TERMINADO?

Prem Turiya,

ESTA ES UNA DE LAS COSAS MÁS FUNDAMENTALES que hay que recordar, y tendrás que ser consciente constantemente: no puedes dar por sentado que el sufrimiento ha terminado.

Si das por sentado que el sufrimiento ha terminado, el sufrimiento volverá por la puerta de atrás. Tienes que estar constantemente alerta y ser consciente.

Sí, de momento no hay celos, no hay pasión, y sin embargo hay mucho amor... naturalmente.

Cuando no hay pasión ni celos, todas las energías se mueven en la dirección del amor.

Es la misma energía que se convierte en pasión, que se convierte en celos. Cuando no hay celos ni pasión, toda la energía está disponible para que florezcan las flores del amor. Pero no lo des por sentado. No pienses que el sufrimiento ha terminado para siempre.

La vida es una evolución continua y tienes que estar constantemente alerta, de lo contrario puedes volver a caer en los viejos patrones muy fácilmente. Y los viejos patrones han persistido tanto tiempo, se han arraigado tanto en tu sangre, en tus huesos, en tu médula, que un momento de inconsciencia y estás de vuelta. Tienes que seguir siendo consciente.

Algo hermoso está sucediendo... mucho más va a suceder. Nunca se sabe cuánto más es posible. Nunca somos conscientes de nuestro potencial a menos que se convierta en realidad.

Has visto un hermoso espacio de amor sin celos. La pasión es una especie de fiebre y consume mucha energía. La fiebre naturalmente consume energía, y la pasión es fiebre. Cuando la pasión desaparece, surge la compasión. Y la compasión es fría. La pasión es caliente, te quema. La compasión es fría, no fría, recuerda. El odio es frío, la lujuria es caliente. Exactamente entre los dos está el justo medio, ni frío ni caliente. Entonces estás en un estado de calor frío. Parece muy paradójico... calor frío. No es caliente, pero es cálido; no es frío, pero es fresco.

Y la verdadera flor del amor se abre sólo en ese clima de calidez-frío. El clima adecuado para que florezca el loto del amor es la calidez y la frescura.

Pero no lo des por sentado. Nunca des nada por sentado. Cada momento tienes que conquistarlo una y otra vez. La vida es una conquista continua. No es que de una vez por todas esté resuelta y entonces puedas quedarte dormido y permanecer inconsciente y no quede ninguna preocupación.

De nuevo volverás a la misma rutina.

Turiya, estoy feliz... te he estado observando. Tienes un aspecto cálido y fresco a la vez. Es un proceso interminable. Mantente alerta, vigila. No destruyas esta hermosa flor que está creciendo en ti.

Cuando tienes algo valioso tienes que ser más consciente. Cuando no tienes nada que perder puedes estar inconsciente, puedes dormirte; no hay problema. Pero cuando tienes algo que perder -y esto es algo precioso- sé más consciente, estate más alerta. Has descubierto un tesoro.

Séptima pregunta

44

MAESTRO,
¿QUÉ ES LA INTELIGENCIA?
Govindo,
PRIMERO, SEPA BIEN QUE LA INTELECTUALIDAD no es inteligencia. Ser intelectual es ser falso; es una inteligencia fingida. No es real porque no es tuya; es prestada. La inteligencia es el crecimiento de la conciencia interior. No tiene nada que ver con el conocimiento, sino con la meditación.

Una persona inteligente no funciona a partir de su experiencia pasada; funciona en el presente. No reacciona, responde. De ahí que siempre sea imprevisible; nunca se puede estar seguro de lo que va a hacer.

Un católico, un protestante y un judío hablaban con un amigo que les decía que le acababan de dar seis meses de vida.

"¿Qué harías", preguntó al católico, "si tu médico te diera seis meses de vida?".

"¡Ah!", dijo el católico. "Daría todas mis pertenencias a la Iglesia, comulgaría todos los domingos y rezaría mis 'Ave Marías' regularmente".

"¿Y tú?", preguntó al protestante.

"¡Vendería todo y me iría de crucero por el mundo y me lo pasaría genial!".

"¿Y tú?", le dijo al judío.

"¿Yo? Yo iría a otro médico".

¡Eso es inteligencia!

Janet, una secretaria elegante, entró en el despacho del jefe. "Tengo buenas y malas noticias", anunció.

"Sin bromas, por favor", dijo su jefe. "No el día del informe trimestral. Sólo deme las buenas noticias".

"De acuerdo", declaró la chica. "La buena noticia es que no eres estéril".

¡Esto es inteligencia!

El marido, indignado, descubrió a su mujer en la cama con otro hombre. "¿Qué significa esto?", preguntó. "¿Quién es este tipo?"

"Me parece una pregunta justa", dijo la esposa, dándose la vuelta. "¿Cómo te llamas?"

¡Eso es inteligencia!

¡Ah, esto!

Soy Superior

UN DÍA EL REY DE YEN VISITÓ AL MAESTRO CHAO CHOU, QUE NI SIQUIERA SE LEVANTÓ CUANDO LO VIO LLEGAR.

PREGUNTÓ EL REY, "¿QUÉ ES MÁS ELEVADO, UN REY MUNDANO O EL 'REY DEL DHARMA'?".

CHAO CHOU RESPONDIÓ: "ENTRE LOS REYES HUMANOS YO SOY SUPERIOR; ENTRE LOS REYES DEL DHARMA TAMBIÉN SOY SUPERIOR".

AL OÍR ESTA SORPRENDENTE RESPUESTA, EL REY SE SINTIÓ MUY COMPLACIDO.

AL DÍA SIGUIENTE, UN GENERAL VINO A VISITAR A CHAO CHOU, QUIEN NO SÓLO SE LEVANTÓ DE SU ASIENTO AL VER LLEGAR AL GENERAL, SINO QUE ADEMÁS LE MOSTRÓ MÁS HOSPITALIDAD EN TODOS LOS SENTIDOS DE LA QUE HABÍA MOSTRADO CON EL REY.

DESPUÉS DE QUE EL GENERAL SE HUBO MARCHADO, LOS MONJES ASISTENTES DE CHAO CHOU LE PREGUNTARON: "¿POR QUÉ SE LEVANTÓ DE SU ASIENTO CUANDO VINO A VERLE UNA PERSONA DE RANGO INFERIOR Y, SIN EMBARGO, NO LO HIZO CON UNA DE RANGO SUPERIOR?".

CHAO CHOU RESPONDIÓ: "NO LO ENTIENDES. CUANDO VIENEN A VERME PERSONAS DE LA MÁS ALTA

CALIDAD, NO ME LEVANTO DE MI ASIENTO; CUANDO SON DE CALIDAD MEDIA, SÍ LO HAGO; PERO CUANDO SON DE LA MÁS BAJA CALIDAD, SALGO DE LA PUERTA PARA RECIBIRLAS".

EL HOMBRE VIVE EN UN ESTADO MUY INVERTIDO. Por eso, siempre que hay un Maestro iluminado, sus acciones, sus palabras, su comportamiento, todo le parece absurdo al hombre ordinario. Jesús es incomprendido por la sencilla razón de que un hombre de ojos está hablando a los hombres ciegos. Sócrates no es comprendido por la misma razón, porque está hablando a personas que son completamente sordas. Y así ha sucedido con todos los Budas de todos los países, de todas las razas. Y, desgraciadamente, así seguirá siendo siempre. Es algo que está en la naturaleza misma de las cosas.

El hombre es inconsciente; entiende el lenguaje de la inconsciencia Y siempre que alguien habla desde las cumbres de la consciencia se vuelve totalmente incomprensible, ininteligible. ¡Está tan lejos! Cuando sus palabras llegan a los oscuros valles de nuestro inconsciente, las hemos distorsionado hasta tal punto que ya no tienen ninguna referencia al origen.

El Maestro parece a veces loco, a veces irracional, a veces testarudo. Pero la única razón por la que no puede comportarse como tú, por la que no puede formar parte de la mente de la multitud, es que él ha despertado y la multitud está profundamente dormida.

Para comprender a un Maestro hay que aprender una gran simpatía: sólo así se creará un puente.

Esa es la relación de un discípulo con el Maestro. Puedes escuchar a un Maestro sin ser un discípulo. Oirás las palabras pero te perderás el significado. Oirás la canción pero te perderás la música. Oirás el argumento pero te perderás la conclusión. Sabrás lo que está diciendo, pero no serás capaz de ver lo que está indicando.

Para comprender el significado -que no tiene palabras-, para comprender el sentido, se necesita un tipo de relación totalmente diferente. No es la de un orador y el público:

es la de dos amantes. Tiene que ser una relación amorosa; entonces sólo hay simpatía suficiente para tender un puente, para que haya comunicación.

Y una vez que la simpatía está ahí, no está muy lejos de la empatía. La simpatía puede transformarse en empatía muy fácilmente; de hecho, se transforma en empatía por sí misma.

Así como siembras semillas y en el momento adecuado brotan y llega la primavera y hay muchas flores, siembra las semillas de la simpatía -es decir, la iniciación en el discipulado- y entonces pronto habrá flores de empatía.

En la simpatía todavía hay un poco de distancia. Puedes oír -puedes oír un poco mejor que antes, puedes entender más claramente que antes- pero las cosas siguen estando en un estado de vaguedad: más claras que antes pero no absolutamente claras todavía; en un estado de penumbra. Ya no es de noche, pero el sol aún no ha salido y hay mucha niebla. Puedes ver pero no puedes descifrar las cosas con precisión.

Empatía significa que ahora ya no hay distancia. Ahora el discípulo está sumergido en el Maestro, se ha convertido en un devoto. Ahora el Maestro está sumergido en el discípulo; ya no son entidades separadas. Han alcanzado el mismo ritmo de ser, pulsan en sincronía.

Entonces hay comprensión y esa comprensión libera, y esa comprensión es inmediata. Ves al Maestro, le miras a los ojos, oyes sus palabras, le ves moverse, sus gestos... y se comprenden inmediatamente sin ninguna traducción por parte de la mente. La mente ya no funciona como mediadora. Es comunión directa, ni siquiera comunicación, sino comunión.

El primer paso es el de un estudiante, curioso pero todavía espectador, alejado, recopilando información, conocimiento. El segundo paso es el de un discípulo, ya no espectador sino participante, ya no interesado en saber sino tremendamente interesado en conocer.

Y el tercer paso es el de un devoto, completamente uno con el Maestro, participando de su ser, bebiendo de su fuente inagotable, ebrio... ebrio de lo divino.

Sólo el devoto entiende absolutamente, el discípulo entiende un poco, el estudiante sólo oye meras palabras.

Recuerda que tú también tienes que pasar por estas etapas. Y todo depende de ti: uno puede seguir siendo alumno para siempre. Si mantienes la distancia, si tienes miedo de acercarte, estarás aquí y, sin embargo, no estarás aquí.

Acérquense... espiritualmente. Acerca tus seres, sin miedo, al Maestro, más cerca de su luz. Sí, esa luz no es sólo luz, es también fuego; os va a consumir. Consumíos, porque en ese fuego hay una gran esperanza de renacimiento.

A primera vista, estas pequeñas historias zen parecen anécdotas corrientes, pero no lo son.

Tienen un significado inmenso. Antes de entrar en la historia, hay que entender algunas cosas.

El otro día hubo una pregunta de Satsanga. Dijo: "Maestro, ¿por qué no eres un poco más diplomático con los políticos y los curas?—porque eso nos ahorraría muchos problemas".

Entiendo lo que quiere decir, entiendo su preocupación. Le gustaría que fuera un poco más diplomático... pero un Maestro no puede ser diplomático. Nunca ha sido así, es imposible. La diplomacia es astucia, la diplomacia es el arte de la mentira. La diplomacia es la forma de persuadir a los demás sin decirles la verdad. La diplomacia es un juego. Los políticos juegan; los místicos no pueden jugar.

Un místico es aquel que llama a las cosas por su nombre. Es sincero, cueste lo que cueste. No puede engañar, no puede mentir, no puede callar. Si ve algo, lo dirá, y lo dirá tal como es.

Gurdjieff solía decir, a veces a personas muy prominentes, famosas de una manera u otra -grandes autores, pintores, poetas, políticos, la gente que domina este mundo, los grandes egoístas.... Solía decir a estas personas una cosa muy significativa—recuérdalo. De repente les decía: "Tienes una fachada muy buena".

Ahora bien, decirle a un político, a un presidente de un país o a un primer ministro o a un rey: "Tienes una fachada muy buena", es invitar a tener problemas. Y Gurdjieff vivió toda su vida en problemas. Pero no hay otra manera.

También solía decir, más de una vez.... Cuando algún egoísta le preguntaba: "¿Me quieres? ¿Te gusto?", ésta era su respuesta: "Por lo que podrías ser no tengo más que benevolencia, pero tal como eres te odio... ¡vuelve con tu abuela!".

Esto no es diplomacia: esto es crear enemigos.

Jesús debe haber sido realmente un gran artista en la creación de enemigos porque sólo tenía treinta y tres años cuando fue crucificado, y sólo hubo tres años de trabajo porque apareció a la edad de treinta años. Hasta ese momento estaba con las escuelas de misterios, yendo alrededor del mundo a Egipto, a la India, y la posibilidad es incluso al Tibet y a Japón.

De ahí que la Biblia no tenga constancia de sus años de preparación; el registro es muy abrupto.

Se dice algo sobre su infancia, muy fragmentario. Y sólo se le menciona una vez:

cuando tenía doce años y empezó a discutir con los sacerdotes en el templo... eso es todo. Luego hay un lapso de dieciocho años... no se menciona nada.

Ahora bien, un hombre como Jesús no puede vivir una vida ordinaria durante dieciocho años y de repente explotar y convertirse en Cristo; eso no es posible. Durante estos dieciocho años se estuvo moviendo con diferentes Maestros, con diferentes sistemas, iniciándose en diferentes escuelas de misterios, aprendiendo todo lo que estaba disponible, poniéndose en sintonía con tantos Maestros como fuera posible.

Aparece a los treinta años y a los treinta y tres es crucificado. ¡En tres años hizo realmente un buen trabajo! Fue rápido. No se puede pensar que fuera diplomático; era el hombre menos diplomático de la historia.

De hecho, así se comportan los despiertos.

¿Qué es exactamente la diplomacia, Satsanga?

"Papá, ¿qué es la diplomacia?", preguntó el pequeño Bill, recién llegado del colegio.

"Bueno, hijo, es así", respondió su padre. "Si le dijera a tu madre: 'Tu cara pararía un reloj', sería una estupidez. Pero si le dijera: 'Cuando te miro, el tiempo se detiene', ¡eso es diplomacia!".

Sí, te gustaría que fuera un poco más diplomático; eso te ahorraría muchos problemas. Pero eso te salvará también de la verdad, recuerda. La verdad trae muchos problemas. Es así porque la gente vive en la mentira, y cuando traes la verdad al mundo, sus mentiras, sus vidas arraigadas en la mentira, reaccionan. Se producirá un gran antagonismo. Y la gente, tal como es, en su inconsciencia, no puede vivir sin mentiras.

Friedrich Nietzsche tiene razón. Dice: "Por favor, no destruyas las mentiras de la gente, sus ilusiones, porque si destruyes sus ilusiones no podrán vivir en absoluto; se derrumbarán". No encontrarán nada por lo que merezca la pena vivir. Viven gracias a las ilusiones; las ilusiones siguen dándoles esperanza. Viven en un mañana que nunca llega.

Viven en sus ambiciones que nunca se cumplen; pero se cumplan o no, a través de esas ambiciones y deseos e ilusiones y expectativas y esperanzas pueden arrastrar sus vidas hasta la tumba. Si destruyes sus ilusiones, puede que simplemente caigan muertos aquí y ahora, porque entonces no tendría sentido vivir.

Y siempre que pienses en el suicidio, recuerda, ¿por qué piensas en el suicidio? Alguna esperanza se ha agriado, alguna expectativa se ha convertido en frustración, algún deseo ha resultado inútil. Te has vuelto consciente; incluso en tu inconsciencia ha penetrado en ti un pequeño rayo de consciencia. Has visto, quizá sólo por un momento, un destello, como un relámpago en la noche oscura. Por un momento todo ha sido luz y has visto que tu forma de vivir es falsa y que no hay plenitud si vives de una forma falsa.

Inmediatamente surge en ti la idea del suicidio.

Hoy en día se suicida más gente que nunca. Se suicida más gente en Occidente que en Oriente. Parece muy extraño, muy ilógico. No debería ser así, porque en Oriente la gente se muere de hambre pero no se suicida. En Occidente tienen todo lo que el hombre siempre ha deseado. La gente tiene dos casas: una en la ciudad, otra en la montaña o en la playa, en el campo. Tienen garajes para dos coches... y todo tipo de artilugios que la tecnología ha puesto a su disposición.

Por primera vez, Occidente ha logrado ser próspero, pero allí se suicida más gente que en Oriente. ¿Por qué? Por la sencilla razón de que en Oriente aún hay esperanza y en Occidente se está tomando conciencia de que no hay esperanza. Cuando no se tiene algo se puede tener esperanza; cuando se tiene, ¿cómo se puede tener más esperanza? La cosa está ahí y no ha pasado nada por ella. Tienes el dinero, tienes una buena esposa, hijos, marido, prestigio, respetabilidad... y de repente te das cuenta en esta opulencia de que en el fondo eres hueco, pobre, un mendigo y nada más. Todo el esfuerzo por conseguir todas estas cosas ha fracasado. Las cosas están ahí, pero no se ha alcanzado la plenitud a través de ellas. Esta es la causa de que haya más suicidios en Occidente.

También en Occidente se suicidan más estadounidenses que nadie, porque son los más acomodados, los que están más en estado de shock: "Se cumplen todas las esperanzas por las que hemos vivido durante siglos y, sin embargo, no se cumple nada". Y esto va a ser así cada vez más: cada vez se suicidará más gente.

Friedrich Nietzsche tiene razón: el hombre corriente no puede vivir sin ilusiones. ¡No le quites sus ilusiones!

Y el Maestro hace exactamente eso: intenta quitarte las ilusiones. Crea una situación en la que, normalmente, te suicidarías. Pero si tienes la suerte de comulgar con un Maestro, la misma situación crea sannyas. Es la misma situación, la MISMA crisis.

Esta es mi observación: que el verdadero sannyas ocurre sólo cuando has llegado al borde del suicidio. Cuando ves que el mundo exterior está acabado, entonces sólo te quedan dos alternativas: o suicidarte y estar acabado porque ya no hay nada por lo que vivir, o entregarte. "El mundo exterior ha fracasado, ahora probemos el interior": eso es sannyas. Sannyas y suicidio son dos aspectos de la misma moneda. Si estás centrado y obsesionado con el exterior, entonces suicidio; si estás un poco suelto, flexible, entonces sannyas.

Pero un Maestro no puede ser diplomático. Tiene que crear esta crisis en la que el suicidio es posible - y también sannyas, también transformación, también un nuevo nacimiento. Pero un nuevo nacimiento es posible solo cuando mueres a lo viejo, cuando mueres al pasado.

Cynthia se había enfundado en un precioso vestido ceñido y no dejó de llamar la atención de su pareja una y otra vez durante toda la velada.

Finalmente, mientras tomábamos una copa en su apartamento, me dijo: "Llevas toda la noche hablando de ese vestido. Me llamó la atención por primera vez cuando quedamos para tomar un cóctel, volvió a mencionarlo en la cena y de nuevo en el teatro. Ahora que estamos aquí solos en mi ático, ¿qué te parece si dejamos el tema?".

¡Esto es diplomacia! Pero los Maestros simplemente llaman a las cosas por su nombre. Su verdad es totalmente desnuda; que te guste o no no es lo importante. No pueden comprometerse con tus gustos. Si empiezan a comprometerse con tus gustos no pueden serte de ninguna ayuda. Comprometerse contigo significa comprometerse con tu sueño, tu inconsciencia, tu mecanicidad. Transigir contigo significa dejar de despertarte. Eso no es posible.

Por lo tanto, Satsanga, no puedo ser diplomático. Además, no soy británico.

Justo el otro día hablaba de la pobre madre de Anurag—¡una perfecta dama británica!—pero ella no estaba aquí, como era de esperar. Ella había estado aquí sólo una vez en muchas semanas. Simplemente sigue sentada en el hotel, totalmente aburrida, ¡como se aburren todos los británicos! Pobre Anurag—le llamo "pobre" porque está pasando por algo realmente horrible. Ahora tengo que llamarlo horrible, ¡no puedo ser diplomático! Se las arregló para que su madre pudiera escuchar la cinta, y después de escucharla, Anurag le preguntó: "¿Qué te parece?".

Ella dijo: "Querido, me quedé dormida".

¡Esto es diplomacia!

La gente sólo escucha lo que quiere escuchar; de lo contrario, se duerme. Al menos pueden pensar en mil cosas más, y eso también es una especie de sueño porque ya no están escuchando.

¡Tengo que ser duro! Tengo que ser lo más duro posible porque tu sueño es profundo y hay que romperlo. Tengo que golpearte la cabeza con un martillo, de lo contrario no despertarás. Durante siglos has estado dormido; el sueño se ha convertido en tu naturaleza. Has olvidado lo que es la consciencia, lo que significa estar despierto.

HAY TRES TIPOS DE HOMBRES, y el Maestro se comporta de manera diferente según el tipo. El tipo más elevado es el hombre que ha probado la alegría de la no-mente. El Maestro se comporta con ese tipo de hombre de manera totalmente diferente, porque sabe que comprenderá.

El estado de no-mente es el estado más elevado. Estás en la cima cuando estás en el estado de no-mente, cuando estás absolutamente en silencio, cuando nada se agita dentro de ti, ninguna idea, ningún pensamiento, cuando la mente ha dejado de crear ruido, el ruido constante. La mente parlotea tanto que no te permite oír nada. Cuando cesa el parloteo de la mente, por primera vez te vuelves consciente de la música de tu propio ser. Y por primera vez también te haces consciente de la música que es esta existencia.

Cuando un hombre así se acerca a un Maestro, el Maestro se comporta de un modo totalmente distinto, porque sabe que haga lo que haga será comprendido. La comunión es posible porque no hay barreras.

El segundo tipo de hombre es el que vive en medio, entre el primero y el tercero.

Tiene una mente meditativa, todavía no una no-mente, pero una mente meditativa. Es decir, está en el camino. Ha aprendido a ser un poco silencioso, un poco más armonioso que los demás. El ruido está ahí, pero es un ruido distante; ha sido capaz de separarse de él. Ha creado una pequeña distancia entre él y su mente; ya no se identifica con la mente. No piensa: "Yo soy la mente". La mente está ahí, todavía parloteando, todavía jugando viejos trucos, pero el hombre está un poco alerta para no ser esclavo de la mente. La mente no lo ha abandonado, pero la mente ya no es tan poderosa como lo es ordinariamente.

En el estado de no-mente, la mente se ha ido; la mente se ha cansado. La mente se ha dado cuenta de que "Este hombre ha ido más allá... más allá de mis poderes. Ahora este hombre ya no puede ser explotado. Este hombre se ha desidentificado completamente conmigo. Él me utilizará pero yo no puedo utilizarle a él".

El segundo tipo de hombre, que está en medio, a veces vuelve a caer en el viejo patrón, es UTILIZADO por la mente, a veces sale del viejo patrón. Es el escondite. La mente todavía no está absolutamente segura de haber fracasado; todavía hay esperanza, porque de vez en cuando el hombre empieza a escuchar a la mente, vuelve a identificarse. La distancia no es grande; la mente está muy cerca. En cualquier momento, en cualquier momento de inconsciencia, la mente se apodera de él y empieza a mandarle de nuevo.

Este es el segundo tipo de hombre: el hombre meditativo, que ha conocido algunos atisbos de lo eterno. Del mismo modo que se puede ver el Himalaya a miles de kilómetros de distancia... los picos cubiertos de nieve bajo el sol de primera hora de la mañana en un cielo abierto, despejado, se pueden ver a miles de kilómetros de distancia. Eso es una cosa; y estar en la cima, permanecer allí, es otra muy distinta.

El primer tipo de hombre PERMANECE en la no-mente. El segundo tipo de hombre sólo tiene vislumbres—de tremendo valor, por supuesto, porque esos vislumbres allanarán el camino para que pueda alcanzar la cima. Una vez que se ha visto la cima, incluso a miles de kilómetros de distancia, se ha recibido la invitación. Ahora ya no puede permanecer en el mundo en reposo, a la antigua usanza.

Algo empieza a desafiarte, algo empieza a llamarte. Una aventura se ha apoderado de ti: TIENES que viajar a la cima. Pueden pasar años, quizá vidas, pero el viaje ha comenzado. La primera semilla ha caído en el corazón.

El Maestro se comporta con el hombre meditativo de manera diferente, porque con el primero es posible la comunión, con el segundo es posible la comunicación.

Y luego está el tercer tipo: el hombre que vive identificado con la mente, con el ego, con el que ni siquiera es posible la comunicación, con el que no hay forma de relacionarse.

La palabra "identificación" es hermosa. Significa hacer de algo una entidad, dar entidad al "id"; ése es el significado de identificación. Cuando TÚ te conviertes en la mente te has convertido en una cosa; ya no estás separado. Has caído en el sueño. Esto es lo que se llama sueño metafísico. Has perdido la noción de ti mismo. Has olvidado tu realidad y te has hecho uno con algo que no eres. Hacerse uno con algo que no eres es identificación; y ser lo que eres es des-identificación.

El primer hombre vive en la desidentificación. Sabe que no es el cuerpo, que no es la mente.

Simplemente sabe que sólo es consciencia y nada más. El cuerpo sigue cambiando, la mente sigue cambiando, pero hay una cosa en ti que es inmutable, absolutamente inmutable: tu consciencia. Era exactamente la misma cuando eras un niño y seguirá siendo exactamente la misma cuando seas un anciano. Era la misma cuando naciste y será la misma cuando mueras. Era la misma antes de tu nacimiento y será la misma después de tu muerte. Es lo ÚNICO que existe que es eterno, inmutable, lo único que permanece.

Y sólo esta conciencia eterna puede ser el verdadero hogar, nada más, porque todo lo demás es un flujo. Y seguimos aferrándonos a lo cambiante; entonces creamos miseria, porque cambia y queremos que no cambie. Estamos pidiendo lo imposible, y como lo imposible no puede suceder, caemos en la miseria una y otra vez.

El joven quiere permanecer joven para siempre; eso no es posible. Tendrá que envejecer, el cuerpo tendrá que envejecer. Y cuando el cuerpo envejezca se sentirá miserable. Pero la conciencia es la misma. El cuerpo es como la casa; la conciencia es el anfitrión. En lo profundo de tu complejo de cuerpo y mente hay un fenómeno totalmente diferente que ocurre constantemente. No es ni cuerpo ni mente; es algo que puede observar tanto el cuerpo como la mente. Es pura observación. Es el alma testigo - SAKSHIN. El primer tipo de hombre sabe que no está identificado con todo lo que está cambiando.

Está centrado en su realidad. El tercer tipo de hombre está obsesionado con algo que no es. De hecho, la mayoría de las personas pertenecen al tercer tipo. El tercer tipo está metafísicamente enfermo. Si le preguntas al despierto, entonces el tercer tipo está loco, demente. Creerse algo que no se es es locura.

Un hombre fue al psiquiatra y le dijo: "Doctor, tendrá que ayudarme. No puedo evitar pensar que soy un perro. Incluso mastico huesos, ladro y me tumbo en la alfombra por las tardes".

Dijo el psiquiatra, "Sólo recuéstate en ese sofá...."

"¡No me está permitido!", gritó.

Pero esta es la situación de la humanidad ordinaria. Alguien se ha hecho hindú, alguien se ha hecho mahometano, alguien se ha hecho cristiano. Alguien es indio, alguien es chino, alguien es italiano. Todo esto son identificaciones.

Alguien se cree blanco y alguien se cree negro. Alguien se cree hombre y alguien se identifica con ser mujer. Todos estos son estados de profundo sueño inconsciente.

Si no eres el cuerpo, ¿cómo puedes ser hombre o mujer? Si no eres el cuerpo, ¿cómo puedes ser blanco o negro? Si ni siquiera eres la mente, ¿cómo puedes ser cristiano o hindú? Si sólo eres consciencia, entonces sólo eres consciencia y nada más.

Ahora esta pequeña historia Zen:

UN DÍA EL REY DE YEN VISITÓ AL MAESTRO CHAO CHOU, QUE NI SIQUIERA SE LEVANTÓ CUANDO LO VIO LLEGAR.

¡ES EXTRAÑO! Primero: ahora es casi imposible que un presidente o un primer ministro o un rey vayan a un Master, porque se creen gente poderosa.

¿Por qué tienen que ir a ver a esos pobres? ¿Qué pueden darles? Los valores han cambiado.

En estos dos mil años, los valores del hombre han experimentado un inmenso cambio. En la antigüedad, el hombre más elevado no era el que tenía poder, sino el que había renunciado al poder. Y parece significativo que se considere más elevado al que ha renunciado al poder; es un deseo muy ordinario ser poderoso. El hombre que ha sido capaz de renunciar al poder ha alcanzado una cierta integridad interior. Ha abandonado una ambición muy ordinaria; se ha vuelto extraordinario.

En aquellos tiempos, los reyes solían ir a buscar consejo, a buscar la luz, a sentarse a los pies de alguien que había alcanzado la meta.

Este rey debe haber oído hablar de Chao Chou. Fue a verlo. Esto muestra una prioridad totalmente diferente. Ahora es muy difícil; es difícil porque el hombre se ha vuelto más materialista. Su mente está demasiado preocupada por lo que tienes en lugar de por lo que eres. En la antiguedad el valor no estaba en tus posesiones sino en tu ser. El valor no estaba en tus cosas, ni siquiera en tu conocimiento -porque eso también es una posesión- sino en tu ser, en tu puro ser, en la pureza de tu núcleo interno. Puede que no tengas nada....

Alejandro había ido a ver a Diógenes, un hombre desnudo que no tenía nada. Pero es hermoso recordar que incluso Alejandro Magno tuvo las agallas de ir a ver a Diógenes, el FAKIR desnudo. ¿Para qué había ido? Los generales de Alejandro, su primer ministro, sus ministros, estaban todos en contra. Dijeron: "¿Para qué vas allí? ¡Ese hombre no tiene nada!"

Alejandro dijo: "Lo sé, ese hombre no tiene nada; por eso voy a verle, porque he oído que tiene un tremendo arraigo, un gran centramiento—y yo quiero ver a un hombre centrado. Yo sólo soy fragmentario, no tengo centro. No sé lo que es tener un Centro y quiero ver a una persona que tenga un centro. No posee nada en el exterior, pero se posee a sí mismo—y esa es la verdadera posesión".

UN DÍA EL REY DE YEN VISITÓ AL MAESTRO CHAO CHOU, QUE NI SIQUIERA SE LEVANTÓ CUANDO LO VIO LLEGAR.

Y Chao Chou no se levantó. Eso habría sido normal, de esperar. Cuando el rey viene a verte, tienes que levantarte y recibirle; es sólo una formalidad.

He oído que Chuang Tzu, un maestro taoísta, solía estar al servicio del rey de China. Luego dejó el servicio. Al cabo de unos años, el rey se enteró de que Chuang Tzu se había iluminado, así que fue a verle.

Chuang Tzu era un hombre de grandes modales, formal, porque había sido uno de los hombres más importantes de la corte del rey. Así que el rey esperaba los mismos modales de la corte. Cuando llegó hasta Chuang Tzu, éste estaba tocando la flauta, con las piernas abiertas debajo de un árbol, apoyado en él. Continuó tocando la flauta con las piernas abiertas.

El rey se quedó parado, sin poder creer lo que veía. Dijo: "¿Te has vuelto loco o algo así? ¿Has olvidado todos los modales de la corte?"

Chuang Tzu se rió y dijo: "Mostraba esos modales porque aún ansiaba ser respetable. Ahora ya no anhelo nada, así que ¿por qué habría de importarme? Puedes ser el rey, puedes ser el mendigo... para mí es lo mismo. Porque ahora ya no tengo deseos, no importa si viene a mí el rey o el mendigo".

El rey quedó inmensamente impresionado; comprendió la cuestión. Todos esos modales cortesanos no eran más que formas de apuntalar al rey.

Tú refuerzas a alguien y, en respuesta, él refuerza tu ego. Es un acuerdo mutuo. Tú dices cosas buenas de los demás y ellos dicen cosas buenas de ti.

Ambos son formales porque quieren oír hablar bien de sí mismos.

Chuang Tzu dijo: "Ahora depende de ti lo que pienses. Puedes pensar que me he vuelto loco, puedes pensar que he caído en desgracia. ¿A quién le importa?"

Exactamente lo mismo ocurrió con Chao Chou: ni siquiera se levantó cuando vio llegar al rey. Pero este rey debía de tener una cualidad totalmente distinta a la del rey que visitó a Chuang Tzu. Incluso Alejandro se sintió ofendido por el comportamiento de Diógenes, porque Diógenes estaba tumbado desnudo en la arena a la orilla de un río. Era temprano por la mañana -debió ser una mañana como ésta, muy fresca- y estaba tomando el sol. No se levantó; permaneció tumbado, tomando el sol.

Alejandro se sintió un poco avergonzado: ¿cómo empezar a hablar con aquel hombre? Al no encontrar otra cosa, le dijo: "He venido a verle... soy Alejandro Magno. ¿Puedo ayudarle en algo?"

Diógenes dijo: "Mira, si eres realmente grande, no necesitas seguir declarándolo. Eso simplemente muestra una mente muy estúpida. Eso sólo muestra una mente muy pequeña, egoísta. Afirmar que eres grande significa que tienes complejo de inferioridad.

"Y lo segundo: no necesito nada, pero si de verdad quieres ayudarme puedes hacer una cosa: hacerte a un lado, porque estás tapando el sol".

Eso fue todo lo que Diógenes le pidió a Alejandro Magno: "Apártate, no te interpongas en el camino del sol y mío".

Pero Alejandro no podía entender a Diógenes. Por supuesto que estaba impresionado, pero de una manera totalmente distinta. Le impresionó la poderosa presencia de Diógenes: era como si todo el banco estuviera lleno de su presencia, como si estuviera creando un campo de Buda.

Aunque estaba blindado, aunque no le interesaba en absoluto el misticismo, estaba impresionado.

Pero este rey de Yen debía de ser del primer tipo, muy superior al rey que visitó Chuang Tzu y muy superior a Alejandro. Él lo entendió.

PREGUNTÓ EL REY, "¿QUÉ ES MÁS ELEVADO, UN REY MUNDANO O EL 'REY DEL DHARMA'?".

¿Por qué hizo esta pregunta? Te sorprenderá saber que lo hizo sólo para ver si Chao Chou mostraba o no la llamada humildad.

Los religiosos siempre van mostrando humildad: "No soy nada, no soy nadie".

Y si les miras a los ojos, sus ojos dicen justo lo contrario. Si observas su comportamiento, siempre es una proyección de santidad. Siguen diciendo: "No somos nada", y siguen de forma sutil, de forma diplomática, proclamando: "Somos santos".

PREGUNTÓ EL REY, "¿QUÉ ES MÁS ELEVADO, UN REY MUNDANO O EL 'REY DEL DHARMA'?".

CHAO CHOU RESPONDIÓ: "ENTRE LOS REYES HUMANOS YO SOY SUPERIOR; ENTRE LOS REYES DEL DHARMA TAMBIÉN SOY SUPERIOR".

EL VERDADERO HOMBRE DE ZEN NO ES HUMILDE en el sentido ordinario de la palabra. Simplemente dice lo que es el caso. Así es. Chao Chou simplemente afirma una verdad.

No está diciendo nada sobre sí mismo, recuerda. Simplemente está afirmando un hecho: "ESTE estado—este estado de no-mente en el que estoy—es más elevado, más elevado entre los reyes humanos y más elevado también entre los Reyes del Dharma—porque es el estado más elevado."

Una vez, un gran pintor le regaló a Ramakrishna un cuadro del propio Ramakrishna, un retrato. Ramakrishna cogió el cuadro, se inclinó ante él, le tocó los pies... ¡sus propios pies, era su propio retrato! El pintor se quedó perplejo: "¿Está realmente loco ese hombre?". Los discípulos estaban perplejos.

Un discípulo preguntó: "Paramahansadeva, ¿qué haces tocándote los pies?".

Ramakrishna dijo: "¡Cierto! Deberías habérmelo recordado antes. No debería hacer algo así. ¿Qué pensará la gente? Pensarán que estoy loco. Pero la verdad es que olvidé por completo que éste es mi retrato—sólo pude ver el estado último de conciencia. Este es un retrato de SAMADHI, no de Ramakrishna. Ramakrishna es irrelevante. Podría haber sido el retrato de Buda, podría haber sido el retrato de Krishna, podría haber sido el de Jesús

foto. Es sólo un accidente que sea mía. No tiene importancia.

"Pero el pintor ha sabido captar algo muy sutil; ha sabido representar algo que es indescriptible. Y no pude resistirme: tuve que inclinarme, tuve que tocar los pies".

Recuerda, cuando Chao Chou dice:

"ENTRE LOS REYES HUMANOS SOY MÁS ELEVADO; ENTRE LOS REYES DEL DHARMA, TAMBIÉN SOY MÁS ELEVADO..."

no está hablando de sí mismo, en absoluto. Habla del estado final. Él ya no existe, así que ¿quién puede ser humilde? Mira el punto: no hay nadie para ser orgulloso, no hay nadie para ser humilde. Todos esos son juegos del ego: ser humilde o ser orgulloso.

El verdadero hombre no es ni orgulloso ni humilde; simplemente no lo es. Por lo tanto, todo lo que dice no tiene nada que ver con su personalidad. Es sólo un espejo; refleja lo último. Chao Chou habla de lo último. Se ha hecho uno con lo último. Y el rey lo comprendió.

ESCUCHAR ESTA SORPRENDENTE RESPUESTA...

La respuesta es realmente sorprendente. Cuando vas a los santos, no hablan así.

Una vez me invitaron a una conferencia religiosa. Invitaron a trescientos santos de todo el país. Me extrañó que me invitaran a mí, porque yo no soy un santo. Parece que por algún error....

Habían hecho una gran plataforma para que los trescientos santos se sentaran juntos, pero no estaban preparados para sentarse en la misma plataforma, a la misma altura, con los demás. ¡Nadie estaba preparado!

Todos querían un lugar un poco más alto que los demás. Eso era imposible. ¿Cómo se puede atender a trescientas personas, cada una pidiendo un sitio un poco más alto que la otra? Así que el escenario era para trescientas personas, y miles de personas se habían reunido para escuchar, pero cada santo hablaba a la gente, sentado solo en aquella gran plataforma.

Era imposible siquiera reunirlos. Y si hablas con ellos, todos te dirán: "Sólo somos polvo y nada más. Somos gente humilde, siervos de Dios, siervos de la humanidad".

Incluso una vez al año algunos de ellos lavaban los pies a un pobre hombre, ¡todo formalidad! Pero no podían sentarse en la misma plataforma. Uno de aquellos trescientos santos había traído su propio trono de oro y quería sentarse en su trono de oro. Ahora los otros estaban muy enojados. Dijeron: "¡Esto no se puede permitir! Si él se sienta en un trono de oro, entonces nosotros también necesitamos tronos de oro de la misma altura".

¿Puedes ver qué tipo de personas son? ¿Son santos o monos? Ni siquiera los monos son tan estúpidos. Los he visto sentados en los árboles, en las mismas ramas, disfrutando. Nadie se preocupa por quién está más arriba, quién está más abajo.

Pero si hablas con estos santos... y todos se dirigieron al público, y con gran humildad. ¡Egoísmo piadoso! ¡Egoísmo religioso! Y el egoísmo piadoso y religioso es mucho más peligroso que cualquier otro. Todo su comportamiento, toda su palabrería, es sólo una hermosa fachada, un fenómeno cultivado. Porque la gente respeta la humildad, ellos fingen ser humildes... para ser respetados. ¿Ves la estrategia y la astucia del ego? Y estas son las personas que han reducido toda la religión a la formalidad.

ESCUCHAR ESTA SORPRENDENTE RESPUESTA...

Fue realmente sorprendente, porque normalmente los religiosos no hablan así. El rey debía esperar que dijera: "No soy nadie. No soy más que polvo bajo vuestros pies. Soy el siervo de la humanidad, sólo un siervo de Dios. Estoy aquí para servir a los demás".

Pero él simplemente dijo: "No. Soy más alto que los reyes humanos y también soy más alto que los Reyes del Dharma". Simplemente declaró el hecho. De hecho, está mostrando un gran respeto al rey. Al decir la verdad está diciendo: "Entiendo que puedas entender".

AL OÍR ESTA SORPRENDENTE RESPUESTA, EL REY SE SINTIÓ MUY COMPLACIDO.

Al leer esta frase por primera vez, te sorprenderá un poco por qué el rey está contento. En realidad debería estar disgustado porque este hombre está intentando demostrar que es superior a todo el mundo, no sólo a él, sino también a otros santos. Está diciendo: "Soy más grande que los Reyes del Dharma".

Pero estaba complacido. ¿Por qué?—Por la sencilla razón de que este hombre entiende que el rey puede entender—y más respeto que ese no se puede mostrar. Ha dicho la verdad tal como es, desnuda, completamente desnuda, confiando en que aquí hay un hombre que será capaz de entender. No hay necesidad de transigir; no hay necesidad de rebajarse; no hay necesidad de hablar en un lenguaje que ÉL pueda entender. Puedes decir la verdad tal como es y esperar que él la entienda.

Chao Chou debió ver que este hombre había alcanzado algo de la no-mente.

Y cuando te presentas ante un Maestro, basta una mirada para que te conozca hasta la médula. Se familiariza inmediatamente contigo; no necesita ninguna otra presentación. Puede ver si estás dormido o despierto. Sabe si finges o eres real. Sabe si eres falso o auténtico.

Puede ver dónde estás.

Todas las tardes viene gente a verme; vienen a tocarme los pies. Tocar mis pies no tiene nada que ver conmigo; es sólo una excusa para que se inclinen, para que se rindan. Cualquier otra excusa sirve. Si puedes arreglártelas, puedes inclinarte ante un árbol, e inmediatamente verás un gran levantamiento en ti mismo, una gran elevación.

También hay algunos tontos. Tocarán mis pies, pero sólo seguirán una formalidad. Hay algunos otros tipos de tontos que vendrán a tocar mis pies pero ni siquiera serán capaces de hacerlo formalmente. Se quedarán sentados como piedras. Les toco la cabeza para no ofenderles, de lo contrario no vale la pena porque no tiene sentido. Si no se rinden, mi tacto no puede llegar a sus corazones, mi energía no puede conmover sus corazones. Si están sentados como rocas, sólo están tocando mis pies de una pseudo manera. Tocar sus cabezas es inútil. Aun así toco, solo para no herirles innecesariamente. Y ni siquiera eso entenderán. Sólo se puede golpear cuando alguien entiende.

Ahora Chao Chou ha golpeado al rey lo más fuerte posible diciéndole: "¿Qué eres tú? Soy superior a todos los reyes, de este mundo y del otro". Le ha golpeado duro... ha debido ver la inmensa capacidad de comprensión del hombre. Y por eso el rey está muy contento: no esperaba que le respetaran tanto.

¿Entiendes? No es una anécdota corriente. Cuando la lees, parece ordinaria; cuando profundizas en ella meditativamente, encontrarás matices sutiles, giros sutiles. Sólo esta frase -EL REY ESTABA MUY AGRADECIDO- tiene una importancia inmensa. ¿De qué hay que alegrarse? ¡El hombre le ha golpeado como si nada! Pero hay algo por lo que alegrarse, porque le consideró lo bastante digno como para golpearle; le consideró lo bastante digno como para decir la verdad tal como es. Pertenece a la primera categoría.

AL DÍA SIGUIENTE, UN GENERAL VINO A VISITAR A CHAO CHOU, QUIEN NO SÓLO SE LEVANTÓ DE SU ASIENTO AL VER LLEGAR AL GENERAL, SINO QUE ADEMÁS LE MOSTRÓ MÁS HOSPITALIDAD EN TODOS LOS SENTIDOS DE LA QUE HABÍA MOSTRADO CON EL REY.

DESPUÉS DE QUE EL GENERAL SE HUBO MARCHADO, LOS MONJES ASISTENTES DE CHAO CHOU LE PREGUNTARON: "¿POR QUÉ SE LEVANTÓ DE SU ASIENTO CUANDO VINO A VERLE UNA PERSONA DE RANGO INFERIOR Y, SIN EMBARGO, NO LO HIZO CON UNA DE RANGO SUPERIOR?".

AHORA LOS MONJES ASISTENTES sólo pueden ver la envoltura exterior. El general es de rango inferior, el rey es de rango superior... sólo pueden ver el lado exterior. Y deben haberse quedado perplejos: "¿Por qué Chao Chou se comportó de una manera tan dura con el rey y por qué se comportó de una manera tan suave con el general?".

CHAO CHOU RESPONDIÓ: "NO LO ENTIENDES. CUANDO PERSONAS DE LA MÁS ALTA CALIDAD VIENEN A VERME, NO ME LEVANTO DE MI ASIENTO..."

No hace falta, porque las personas de la más alta calidad no tienen ego; por eso son de la más alta calidad. Si no tienen ego, no hay necesidad de levantarse ni de mostrarles un gran respeto. Sería inútil, no tendría sentido. Eso simplemente demostraría que no entiendes.

"CUANDO VIENEN A VERME PERSONAS DE LA MÁS ALTA CALIDAD, NO ME LEVANTO DE MI ASIENTO; CUANDO SON DE CALIDAD MEDIA, SÍ; PERO CUANDO SON DE LA MÁS BAJA CALIDAD, SALGO DE LA PUERTA PARA RECIBIRLAS".

¡LOS CAMINOS DE LOS MAESTROS SON EXTRAÑOS! Y estar con un Maestro es estar con un misterio. Un Maestro es un misterio: vive en la tierra y, sin embargo, no forma parte de la tierra. Está en el cuerpo y no es el cuerpo. Utiliza la mente y no es la mente.

Está en el tiempo pero pertenece al más allá, a la eternidad. Está tan vivo como tú, pero de un modo totalmente distinto, porque sabe que no hay nacimiento ni muerte. Ha ido más allá de la vida y de la muerte; conoce la vida eterna.

Por fuera es igual que tú: tiene hambre, come, tiene sed, bebe, está cansado, duerme... igual que tú. Pero en su fuero interno es totalmente diferente, porque está en un mundo totalmente distinto, en un espacio totalmente diferente.

Y para comprender su mundo interior tendrás que crecer en tu propia interioridad; esa es la única manera. Sólo puedes comprender hasta cierto punto. Si profundizas en ti mismo, comprenderás al Maestro de un modo profundo. Cuanto más profundo te muevas en tu interior, más profundamente comprenderás al Maestro. Para comprender al Maestro tendrás que profundizar en ti mismo. Cuando hayas llegado a lo más profundo de tu ser, conocerás al Maestro en su absoluta perfección. De lo contrario, lo malinterpretarás.

Ni siquiera los monjes asistentes podían entenderlo.

CHAO CHOU DIJO: "NO LO ENTIENDES".

Es MUY sencillo.

"CUANDO VIENEN A VERME PERSONAS DE LA MÁS ALTA CALIDAD, NO ME LEVANTO DE MI ASIENTO..."

"De ese modo les muestro mi respeto. Les digo: 'He visto que has conocido algo de la no-mente, que tu ego ya no es un fenómeno sólido, ya no es sustancial; que no ansías respeto. Por eso no te muestro el respeto formal. Sé que has ido más allá de la forma y más allá de lo formal".

Vivimos en la forma y en lo formal; lo convertimos todo en una formalidad. El amor se convierte en matrimonio. Cristo se convierte en la iglesia. Buda se reduce a estatuas de piedra. Las grandes verdades se convierten en escrituras ordinarias que hay que adorar. Somos realmente muy hábiles reduciendo todo lo elevado a lo más bajo posible. Traemos todo a nuestro nivel.

En lugar de ir al nivel de los Budas, de los Maestros, traemos a los Maestros, una vez que han dejado el mundo.... Por supuesto, cuando están vivos no puedes traerlos a tu nivel; viven sin ningún compromiso. Tienes que rendirte a ellos. Pero una vez que se han ido, entonces es muy fácil: puedes hacer sus estatuas y templos y puedes adorarlos, y todo se vuelve formal—la religión dominical—cómoda, conveniente, pero sin sentido.

Un Ángel del Infierno le dijo a otro: "Ya no te veo en las bandas. ¿Qué ha pasado?"

"Me casé", dijo su amigo.

"No me jodas, tío", dijo el primer ciclista, "¿la cola legal es mejor que la normal?".

"Ni siquiera es tan bueno", dijo el nuevo novio, "pero no tienes que hacer cola para conseguirlo".

Es cómodo, es conveniente—¡la cola legal! Y el hombre está más interesado en la conveniencia que en la verdad, más interesado en la comodidad que en la verdad, más interesado en la seguridad que en la transformación.

Si ese es también tu estado me vas a echar de menos, porque mi interés no es la seguridad; te forzaré cada vez más a la inseguridad. Mi interés no es la comodidad; te forzaré cada vez más a la rebelión. Mi interés es sólo uno: la verdad, porque es la verdad la que libera; todo lo demás se convierte en esclavitud.

EL HOMBRE DE CALIDAD SUPERIOR se convierte inmediatamente en un devoto. El hombre de calidad media se convierte inmediatamente en discípulo. El hombre de menor calidad permanece durante años, durante vidas, como un simple estudiante.

Mira dentro de ti, donde estás. No seas sólo un estudiante. Esto no es una escuela; de hecho, todo el proceso es de desescolarización. No te estoy enseñando nada; estoy aquí para ayudarte a transformarte. No te estoy dando un dogma, un credo o una religión; no me interesan todas esas cosas. Simplemente quiero darte lo que ya tienes, sólo hay que provocarlo.

Tienes que sintonizar conmigo, estar en profundo acuerdo, ser uno conmigo. Sólo entonces seréis beneficiados. Una gran bendición puede ser vuestra, grandes bendiciones pueden ser vuestras, pero tendréis que salir de vuestras pequeñas prisiones, de vuestras pequeñas mentes, de vuestros pequeños egos. Y obtendréis sólo aquello que merecéis, aquello de lo que sois dignos. Puedo seguir dándote diamantes, pero si no entiendes lo que es un diamante, seguirás coleccionando piedras de colores.

Y la gente está realmente tan dormida que no sabe lo que hace y pide cosas equivocadas. Piden respeto, piden algo de alimento para sus egos.

Mucha gente me escribe cartas -los recién llegados- diciendo: "¿Por qué en tu ashram no se nos muestra un poco más de amor a los recién llegados? ¿Por qué todo el mundo parece un poco distante, un poco frío? ¿Por qué la gente no parece interesarse por los recién llegados? Venimos aquí a encontrar amor, calidez".

De hecho, detrás de esas palabras - "amor", "calidez", etc.- lo único que anhelan es algún tipo de respeto, algún tipo de alimento para su ego. Por eso la gente parecerá fría, la gente parecerá distante.

No nos interesa ayudar a vuestros egos porque no queremos crearos infiernos mayores. Ya estáis sufriendo bastante. Queremos sacaros de vuestros egos. Sólo una pequeña cosa puede hacer daño, sólo una cosa muy pequeña. Y hemos manejado las cosas de tal manera que hay muchas cosas que están destinadas a herir sus egos. A menos que estéis preparados para soltarlos, tarde o temprano escaparéis de este lugar.

Sólo aquellos que estén dispuestos a abandonar su ego formarán parte de esta comuna. Y esta comuna se está produciendo después de muchos siglos. Ha habido Maestros con unos pocos discípulos.... Mi esfuerzo es traer tal revolución que toda la conciencia de la humanidad se vea afectada por ella. La iluminación individual no es suficiente. Tenemos que iniciar un proceso de iluminación en el que miles de personas se iluminen casi simultáneamente, para que toda la conciencia de la humanidad pueda elevarse a un nivel superior, porque esa es la única esperanza de salvarla.

De lo contrario, estos veinte años serán fatales. O conseguimos transformar la conciencia de toda la humanidad y llevarla a un nivel superior—al menos al segundo nivel, una mente meditativa, para millones de personas, y para miles de personas al primer grado, la no-mente..... Si podemos hacerlo, es la única forma posible de salvar a la humanidad. De lo contrario, en manos de políticos insensatos ha llegado tanto poder que en CUALQUIER momento puede comenzar la tercera guerra mundial, y eso destruirá a toda la humanidad. Y todo el trabajo de las eras, de todos los Budas, será simplemente destruido.

Krishna, Jesús, Lao Tzu, Buda, Pitágoras, Sócrates: estas personas han trabajado duro para crear este jardín. Y ahora nos disponemos a quemarlo totalmente.

Antes de que sea demasiado tarde... ¡despierta! Por lo menos pasa al segundo estado mental—mente meditativa—entonces el primero se hara facil. Estando conmigo no seas del tercero, porque eso no es realmente estar conmigo. Sólo el segundo está un poco conmigo y está en camino de estar totalmente conmigo. Pero recuerda, la meta es ser de lo primero: no-mente es la meta.

De la mente a la no-mente es la revolución de sannyas.

¡Ah, esto!

Morir en el Maestro

L a primera pregunta
MAESTRO,
HE OÍDO QUE JUAN EL BAUTISTA CASI AHOGA A SUS DISCÍPULOS CUANDO LOS BAUTIZABA. ¿ES ESTO CIERTO? ¿ES ESTE TIPO DE EXPERIENCIA ALGO POR LO QUE DEBE PASAR UN DISCÍPULO?

Anand Navin,

ES VERDAD. ¡CONOZCO A ESTE AMIGO Juan el Bautista! De hecho, todos los Maestros lo han hecho. Es absolutamente necesario porque el discípulo tiene que pasar por un proceso de muerte. A menos que muera—muera a su pasado, muera a sus conocimientos, muera a sus creencias—no podrá renacer. Y el bautismo es sólo simbólico: es el símbolo de la muerte y la resurrección.

Eso es exactamente lo que estoy haciendo aquí. Te aferras a tus creencias—políticas, sociales, religiosas, filosóficas Te aferras a lo que sea que hayas acumulado—aunque todo sea basura, aunque no te haya dado ni un solo atisbo de verdad, te aferras a ello.

Alguien me ha preguntado: "Fui iniciado por un Maestro hace cinco años, y ahora me siento profundamente interesado en ti. Pero el problema es: ¿puede un hombre tener dos Maestros?".

Si tu primera iniciación ha abierto la puerta a la verdad, no hay necesidad de que trabaje contigo. ¿Por qué perder mi tiempo? Tengo muchas otras personas con las que trabajar. Si el primer Maestro no ha sido capaz de abrir la puerta, o tú no le has permitido abrir la puerta, o quién sabe si era un Maestro o no, entonces ¿por qué no dejarlo?

No se pueden tener dos Maestros, es una estupidez. Si el primero ha hecho el trabajo entonces yo no soy necesario; si el primero no ha hecho el trabajo, por la razón que sea—él puede ser un pseudo Maestro, tú puedes haber sido un pseudo discípulo.... Algo habrá fallado en alguna parte. Una cosa es cierta: esa iniciación no funcionó. No pudo ahogarte, no pudo matarte... sigues ahí. Pero no quieres abandonar a tu antiguo Maestro y todo lo que te ha enseñado.

Ahora me preguntas: "¿Puede un hombre tener dos Maestros?" No acepto a esa gente porque es el tipo equivocado de gente. Tarde o temprano irás a una tercera persona y preguntarás: "¿Puede un hombre tener tres Maestros?".

Lo primero que hay que recordar aquí es: estar conmigo significa que te desconectas de tu pasado, sea cual sea: tu iniciación, tu Maestro, tu iglesia, tu religión.

A menos que te desconectes, no podrás estar conmigo. Para estar conmigo tienes que renacer; tienes que ser un ser nuevo, completamente fresco como las gotas de rocío en el sol temprano. Menos que eso no servirá. Tienes que pasar por el fuego. Y es muy difícil atravesar el fuego, porque uno puede ver que lo familiar está desapareciendo y lo prometido está muy lejos.

La tierra prometida puede estar, puede no estar, y lo conocido se te va de las manos. Y la mente dice: "Es mejor tener la mitad del pan que ya tienes que perderlo por el pan entero que no tienes, que es sólo una promesa".

Un Maestro es sólo una promesa: una promesa de algo que puede suceder, una promesa de que tu potencial se convierta en realidad, una promesa de florecimiento. Pero ahora mismo sólo eres una semilla, y la semilla no puede creer en la promesa; es muy difícil para la semilla creer en la promesa. A la semilla le gustaría seguir siendo semilla y ser flor. Así que seguimos aferrándonos a las creencias familiares, a los sistemas de pensamiento, a la ideología. Y aún así, ¡queremos renacer!

Es como un niño que quiere aferrarse al vientre materno y, sin embargo, quiere nacer. Eso es imposible. O tiene que estar en el útero y morir en el útero -porque después de nueve meses estar en el útero va a ser una muerte segura- o tiene que correr el riesgo, la aventura, de ir hacia lo desconocido.

Y, ciertamente, el niño debe sentir el nacimiento como una muerte. Es la muerte de su vida tal y como la ha conocido hasta ahora: durante nueve meses la oscuridad, la relajante oscuridad del útero, el calor, la existencia absolutamente libre de responsabilidades, el descanso total, la relajación. Y ha estado flotando, nadando, en un líquido a la temperatura del cuerpo. Nunca le ha faltado nada; todo se lo ha proporcionado el cuerpo de la madre. Incluso antes de que necesitara nada, estaba allí, listo para dárselo. Ahora, de repente, se ve arrojado de su hogar a lo desconocido. ¿Quién sabe lo que va a pasar? Está desarraigado. Se aferra. Es natural aferrarse.

Y esa es exactamente la situación cuando estás con un Maestro: has vivido en un útero psicológico. Cuando estás con un Maestro, él empieza a sacarte de tu útero psicológico. Es mucho más difícil que el proceso físico de salir del útero porque te sientes más cerca del útero psicológico. Eres cristiano, hindú, mahometano y te gustaría seguir siéndolo. Y aun así quieres transformarte. Entonces te encuentras en un doble aprieto, estás dividido.

Dos Maestros sólo pueden significar una profunda división en ti. No estoy aquí para crear esquizofrenia.

No, no se pueden tener dos Maestros: ¡con uno es más que suficiente!

Has oído bien, Navin:...JUAN EL BAUTISTA CASI AHOGÓ A SUS DISCÍPULOS CUANDO LOS BAUTIZABA.

Esa es la única manera de bautizar.

Usted me pregunta: ¿ES ESTE TIPO DE EXPERIENCIA ALGO POR LO QUE DEBE PASAR UN DISCÍPULO?

Sí, es imprescindible. A menos que el discípulo pase por ella nunca se convierte en un devoto. Y a menos que te conviertas en devoto, no sabrás lo que significa estar con un Maestro. No es una relación intelectual; es una fusión profunda con el ser del Maestro. Es algo muy existencial.

La segunda pregunta

MAESTRO,

CREÍA QUE LO SABÍAS TODO. PENSÉ QUE DE ESO SE TRATABA ESTAR ILUMINADO: SABER. PERO NO SABES NADA DE LAS MUJERES, Y QUE ELLAS CONFÍAN PRECISAMENTE PORQUE SE CONOCEN EL CORAZÓN. EL ODIO DE LAS MUJERES HACIA LAS MUJERES ES UN MITO MASCULINO INVENTADO PARA MANTENER A LAS MUJERES SEPARADAS E IMPOTENTES. ¿QUIÉN QUIERE SER HOMBRE?

MAESTRO,

ESTOY TOTALMENTE DISGUSTADO. ¿CÓMO PUEDES DECIR TONTERÍAS? MI MENTE TIENE UN ATAQUE Y TAMBIEN MI CORAZON. ¿QUÉ HACER?

Prem Judy,

DEBES ESTAR CARGANDO DEMASIADO DE LA BASURA que está creando el Movimiento de Liberación de la Mujer. Estás demasiado lleno de ella. La próxima vez que vengas a verme tendré que mirarte a los ojos, porque cuando la gente está demasiado llena de mierda, hasta la cabeza, ¡sus ojos son marrones! Y tú debes tener tendencias lésbicas.

Tú dirás: PENSÉ QUE LO SABÍAS TODO.

Estás absolutamente equivocado... no sé nada. NO SABER ES LO MÁS ÍNTIMO.

Si ha venido aquí con esa idea, se ha equivocado de persona y de lugar. Celebramos la ignorancia. Destruimos todo tipo de conocimiento. Todo nuestro esfuerzo consiste en devolverte la inocencia, la inocencia que tenías antes de nacer. Los zen lo llaman el rostro original. La inocencia es intrínseca. El conocimiento te lo da la sociedad, la gente que te rodea, la familia. La inocencia es tuya: el conocimiento es siempre de los demás. Cuanto más conocimiento tienes, menos eres tú mismo.

La iluminación no tiene nada que ver con el conocimiento. Es liberarse del conocimiento, es la trascendencia absoluta del conocimiento. Es ir más allá del conocimiento. Por eso empezamos esta serie de charlas con el gran sutra: NO CONOCER ES LO MAS INTIMO.

Una persona iluminada es aquella que no tiene ninguna barrera entre ella y la existencia. Y el conocimiento es una barrera. El conocimiento te divide de la existencia; te mantiene separado. El no saber te une. El amor es un camino de inocencia. La inocencia es un puente: el conocimiento es un muro. ¿Quién ha oído alguna vez que las personas que saben se iluminen? Son los más alejados de la iluminación. La iluminación sólo crece en el suelo de la inocencia.

Inocencia significa asombro infantil, admiración. La persona iluminada es aquella que se pregunta continuamente—porque no sabe nada, por lo que todo vuelve a ser un misterio. Cuando sabes, las cosas se desmitifican; cuando no sabes, se RE-mistifican. Cuanto más sabes, menos asombro hay en tu corazón. Cuanto más sabes, menos sientes la gran experiencia del asombro. No puedes decir "¡AH, ESTO!". No puedes extasiarte. La persona que sabe está tan agobiada que no puede bailar, no puede cantar, no puede amar. Para el entendido no existe Dios, porque Dios sólo significa maravilla, asombro, misterio. Por eso, a medida que el conocimiento ha ido creciendo en el mundo, Dios se ha ido alejando cada vez más.

Friedrich Nietzsche podría declarar que Dios ha muerto debido a su cognoscibilidad. Ciertamente era un gran filósofo, y la filosofía está obligada a llegar a la conclusión de que Dios no existe porque Dios significa simplemente lo misterioso, lo milagroso. Y el conocimiento reduce todo milagro a leyes ordinarias; todo misterio se reduce a fórmulas.

Pregúntale a la persona entendida "¿Qué es el amor?" y te dirá: "Nada más que química, la atracción entre las hormonas masculinas y femeninas. No es más importante que un imán atrayendo piezas de hierro; es lo mismo... como la electricidad negativa y positiva. El hombre y la mujer son bioelectricidad".

Entonces todo se destruye. Entonces todo el amor y toda la poesía y toda la música se reducen a tonterías. El loto se reduce al barro. El loto ciertamente crece del barro, pero el loto no es el barro. No es la suma total de sus partes; es más que la suma total de las partes. Ese MÁS es Dios, ese MÁS es poesía, ese MÁS es amor. Pero la ciencia no tiene lugar para el "más". La ciencia reduce todo fenómeno a una cosa mecánica. ¿Y sabes lo que significa "ciencia"? "Ciencia" significa conocimiento; la propia palabra "ciencia" significa conocimiento.

La religión no es conocimiento; es justo lo contrario del conocimiento. Es poesía, es amor. Es básicamente absurdo. Sí, puedes decir que estoy diciendo tonterías. Si la ciencia tiene sentido, la religión no lo tiene. Pero eso es lo bonito.

Dices, Judy: PENSÉ QUE LO SABÍAS TODO.

Ese es TU pensamiento—y yo no estoy aquí para complacer el pensamiento de todos. No puedo estar de acuerdo con SUS pensamientos. Tengo más de cien mil sannyasins; si tengo que cumplir con el pensamiento de todo el mundo estaré absolutamente destrozado, en millones de pedazos. No puedo cumplir vuestras ideas sobre mí; ese es VUESTRO error. Y aún no es demasiado tarde: abandona esa idea si quieres estar aquí conmigo. ....

Ustedes ESTÁN aquí con una persona paradójica, con una persona que está tratando de transmitirles algo misterioso—no conocimiento—que está tratando de verter su experiencia de asombro y maravilla en sus seres—es más como el vino que como el conocimiento—que está tratando de intoxicarlos, que está tratando de transformarlos en borrachos. Sí, para la persona racional parecerá una tontería.

Eso es lo que uno de los pensadores más importantes de Occidente, Arthur Koestler, ha escrito sobre el Zen. Lo llama "todo un sinsentido". Si se mira racionalmente, lo es—¿pero es la razón la única manera de acercarse a la realidad? Hay otras maneras, mucho más profundas, mucho más íntimas—NO SABER ES LA MÁS INTIMA.

No soy un hombre de conocimiento, aunque uso palabras. Ni siquiera soy un hombre de palabras.

"Soy un hombre de pocas palabras. ¿Lo harás o no?"

"¿Tu apartamento o el mío?", dijo la chica.

"Mira", dijo, "si va a haber tanta discusión al respecto, ¡olvidémonos de todo el maldito asunto!".

Utilizo palabras, pero no soy un hombre de palabras. Es por pura necesidad: es por ti que tengo que usar palabras, porque no entenderás lo que no tiene palabras. Espero con impaciencia el día en que pueda prescindir de las palabras. Estoy completamente cansado... porque las palabras no pueden transmitir lo que soy y tengo que seguir intentando hacer algo que no es posible.

Prepárate pronto para que podamos sentarnos en silencio y escuchar a los pájaros o al viento en los árboles. Sólo SENTÁNDOSE EN SILENCIO SIN HACER NADA, LA PRIMAVERA VIENE Y LA HIERBA CRECE POR SÍ MISMA. Ese va a ser mi último mensaje y mi última obra en la tierra.

Tu dices: PENSÉ QUE DE ESO SE TRATABA SER ILUMINADO:

CONOCER.

No puedes pensar nada sobre la iluminación, y cualquier cosa que pienses está destinada a ser errónea. No tiene nada que ver con saber; es un estado de no saber.

PERO NO SABES DE LAS MUJERES Y QUE ELLAS CONFÍAN PRECISAMENTE PORQUE SE CONOCEN EL CORAZÓN.

No sé nada de nada. ¿Qué decir de las mujeres?—¡Ni siquiera sé de hombres! Así que no te preocupes por eso. Si sabes lo que es una mujer o lo que es un hombre, ten cuidado con tu conocimiento, porque no es un conocimiento real; es sólo una opinión que has acumulado. Sí, el hombre ha estado propagando ideas contra las mujeres; ahora las mujeres están propagando ideas contra los hombres. Es la misma tontería. Y seguimos haciendo esto: seguimos moviéndonos de un extremo a otro extremo.

Ahora, tú dices: EL ODIO DE LAS MUJERES HACIA LAS MUJERES ES UN MITO MASCULINO INVENTADO PARA MANTENER A LAS MUJERES SEPARADAS E IMPOTENTES.

El hombre ha creado muchos mitos sobre la mujer, pero ahora las mujeres están haciendo lo mismo.

Están creando mitos sobre los hombres que son tan falsos como los mitos de los hombres sobre las mujeres. Pero no estoy aquí para decidir qué mito es correcto y qué mito es incorrecto. No estoy aquí para convertirte en un propagandista a favor o en contra de las mujeres. Mi trabajo consiste en liberarte de la dualidad hombre/mujer.

Y ahora dices: ¿QUIÉN QUIERE SER HOMBRE?

Judy, si realmente no quisieras ser un hombre no habrías escrito esto. Es como la antigua parábola de la zorra que intentaba alcanzar las uvas y no podía: las uvas estaban demasiado altas. Lo intentó una y otra vez, y fracasó una y otra vez. Entonces miró a su alrededor -los zorros son muy astutos- para ver si había alguien mirando, algún periodista, algún fotógrafo. No había nadie, así que se marchó.

Pero una pequeña liebre estaba escondida en un arbusto. Dijo: "Tía, ¿qué ha pasado?".

La zorra hinchó el pecho todo lo que pudo y dijo: "Nada. Esas uvas no valen. Aún no están maduras... están agrias".

¿Por qué deberías escribir: ¿QUIÉN QUIERE SER HOMBRE?

En el fondo, en algún lugar, debes estar deseando ser un hombre. Todo hombre quiere ser mujer, toda mujer quiere ser hombre, por la sencilla razón de que todo hombre es ambas cosas: hombre/mujer, y toda mujer es ambas cosas: mujer/hombre. Naces del encuentro de las energías masculina y femenina; la mitad de ti pertenece a tu padre y la otra mitad a tu madre. Eres el encuentro de dos polos opuestos, dos energías.

La única diferencia entre el hombre y la mujer es ésta: que la mujer tiene la conciencia de una mujer y el inconsciente de un hombre, y el hombre tiene la conciencia de un hombre y el inconsciente de una mujer. ¡Pero AMBOS son ambos!

Por eso es posible ser homosexuales, lesbianas; de otro modo sería imposible.

Este fenómeno se ha producido a lo largo de los siglos; no es nada nuevo. La razón es sencilla: porque el hombre es sólo mitad hombre y mitad mujer; la parte femenina está oculta en lo más profundo de la oscuridad. Pero la parte consciente puede cansarse, y cuando la parte consciente se cansa, la inconsciente toma el control. Por lo tanto, puede tener el cuerpo de un hombre, pero empieza a funcionar como una mujer. Y lo mismo le ocurre a una lesbiana: en apariencia es una mujer, pero en el fondo la energía inconsciente masculina ha tomado posesión. Las cosas se han vuelto del revés. También afectará a su fisiología.

Aquí hay algunas lesbianas. Su fisiología se verá afectada por su psicología, porque la psicología y la fisiología no son dos fenómenos separados, sino que están unidos. La mente y el cuerpo no son dos; tú eres mente-cuerpo. Así que lo que ocurre en su fisiología afecta a su psicología. Por eso se te pueden dar hormonas y cambiar tu psicología.

Ahora sabemos que un hombre puede transformarse en una mujer, una mujer puede transformarse en un hombre.

Y esta es MI observación: que en el próximo siglo millones de personas cambiarán de sexo. Eso se convertirá en algo vanguardista; se convertirá en algo muy progresista. Será un nuevo tipo de libertad. ¿Por qué limitarse a ser hombre toda la vida cuando se pueden tener los dos mundos? Si te lo puedes permitir, puedes cambiar de sexo. Durante unos años sigues siendo un hombre y miras el mundo desde el punto de vista masculino, y luego te sometes a una sencilla operación y te transformas en una mujer; ahora puedes mirar el mundo a través de los ojos femeninos. Y es posible que un hombre cambie muchas veces. Si el proceso se simplifica, y se simplificará -ese es todo el trabajo de la ciencia: hacer las cosas cada vez más sencillas-, si el proceso se simplifica mucho, millones de personas cambiarán.

Liberará una gran libertad en el mundo, pero también una gran confusión, también un gran caos.

Un día, de repente, tu marido vuelve a casa y ¡es una mujer! O tu mujer vuelve de vacaciones y ya no es una mujer....

Porque cada uno es ambos, el deseo de ser el otro está en todos. Judy, debe estar ahí y muy insistentemente ahí. De ahí que escribas: ¿QUIÉN QUIERE SER UN HOMBRE? Judy quiere ser un hombre. No sé si alguien más....

Y tu me preguntas: MAESTRO, ESTOY TOTALMENTE MOLESTO.

¡Qué bien! ¡Así que lo estoy consiguiendo! Quiero que estés completamente desarraigado, molesto, perturbado.

Quiero crear un caos en ti, porque sólo del caos nacen las estrellas.

Usted me pregunta: ¿CÓMO SE PUEDE HABLAR SIN SENTIDO?

¡¿Qué más?! No se puede hablar con sentido... sólo quedan tonterías. Así que no me lo tomo como una crítica... ¡es un cumplido! Muchas gracias. Al menos hablas con sentido común.

Tú dices: MI MENTE ESTÁ TENIENDO UN ATAQUE Y MI CORAZÓN TAMBIÉN. ¿QUÉ HACER?

No creo que se pueda hacer nada ahora. Es demasiado tarde. No puedes volver atrás... ¡te perseguiré!—Sólo puedes seguir adelante. Suelta todas esas ideas que llevas dentro, ese antagonismo sobre los hombres. ¡Deja todas esas ideas! No estoy ni por los hombres ni por las mujeres. Sólo estoy a favor de la trascendencia.

¡Y no os toméis mis bromas en serio! Sois tan tontos que ni siquiera sabéis tomaros las bromas a broma. Otra mujer ha escrito: "Maestro, has estado hablando demasiado en contra de las mujeres. El otro día las llamaste 'bocazas'". Ahora esta mujer simplemente demuestra que es una bocazas, ¡nada más! Nadie más se ha sentido ofendido. ¡Una broma es una broma! Pero, ¿por qué estás tan susceptible? Ahora esta mujer debe ser una bocazas. Al menos su marido debe estar diciéndole una y otra vez: "Bocazas, ¡cállate!". Y ahora viene aquí a oír que se dice algo bonito de ella, y yo cuento un chiste... y otra vez esa bocazas.

No te tomes en serio los chistes. De hecho, no te tomes nada en serio. Si empiezas a tomarte las cosas en serio, pierdes el sentido. Incluso las escrituras hay que tomárselas sin seriedad; sólo así podrás entenderlas. La comprensión tiene que ser con una actitud profunda, relajada, no seria, juguetona. Cuando te pones serio te vuelves tenso. Cuando te pones serio te cierras. Cuando eres juguetón pueden ocurrir muchas cosas porque en el juego está la creatividad. En el juego puedes innovar.

Pero tus ideas están continuamente ahí; no puedes dejarlas de lado.

Judy, ahora no se puede hacer nada. Eres una sannyasin. Ahora, ser un sannyasin significa que no eres ni hombre ni mujer. Se acabó... ¡se acabó ese juego!

La tercera pregunta
MAESTRO,
¿NO SON TODAS LAS PERSONAS IGUALES?
Sudarsho,

ESENCIALMENTE SÍ, PERO ACCIDENTALMENTE NO. En el centro sí, en la circunferencia no. Esencialmente estamos hechos de la misma cosa llamada Dios, pero en la circunferencia Dios viene en todas las formas y tamaños, en todos los colores, en todas las formas. Hay mucha diferencia Y es hermoso porque si las personas fueran realmente iguales, tanto en el centro como en la circunferencia, el mundo sería un lugar muy aburrido. Pero no es un lugar aburrido. Es inmensamente interesante; es inmensamente bello, rico. Y la riqueza se debe a la variedad.

No hay dos personas iguales en la circunferencia, aunque todo el mundo es igual en el centro, no sólo las personas, sino también los árboles y las rocas. Llama a ese centro el alma y te será más fácil comprenderlo. Nuestras almas son iguales, allí nos encontramos y somos uno, pero nuestros cuerpos y mentes son diferentes, allí estamos separados.

Y no hay que esforzarse por hacernos similares en apariencia. A lo largo de los siglos la gente ha intentado hacer eso; eso sólo crea fascismo. Eso es lo que intentaba hacer Adolfo Hitler. Eso es lo que ocurre en todos los ejércitos: intentamos que la gente se parezca incluso en la superficie. En el ejército los nombres desaparecen, los números ocupan su lugar. Si una persona muere se lee en la pizarra: "El número 14 ha caído". Ahora, el número 14 no tiene personalidad. Cualquiera puede sustituir al número 14, a cualquiera se le puede dar el número 14; el número 14 es sustituible. Pero la persona que ha muerto, ¿es reemplazable? ¿Puede alguien en el mundo reemplazarlo?

¿Quién será el marido de su mujer y quién el padre de sus hijos? ¿Y quién será el hijo de sus padres ancianos? ¿Y quién será el amigo de sus amigos? El número 14 no puede hacer eso. El número 14 está perfectamente bien en el ejército; llevará el arma y hará las mismas cosas -las mismas estupideces- que el otro número 14 hacía antes.

Pero en lo que respecta a su personalidad real, el número 14 es una persona diferente.

Todos los líderes militares del mundo han tratado de imponer un determinado modelo a la gente.

Quieren máquinas, no hombres. Les gustaría que Dios hiciera a los hombres como se hacen los coches Ford, en una cadena de montaje, para que sigan saliendo Ford similares. Dios no trabaja con una cadena de montaje; crea a cada individuo con singularidad.

Así que, Sudarsho, tienes que entender dos cosas. Una: la variedad, la diferencia, y amar la variedad y amar la diferencia....

Los mahometanos han estado intentando convertir el mundo entero a una sola religión; los hindúes han estado intentando hacer lo mismo, los cristianos han estado haciendo lo mismo, los budistas han estado haciendo lo mismo. Todo el esfuerzo es hacer que todo el mundo sea similar, para que haya todos cristianos y cristianos. Será un mundo pobre donde no exista ningún templo ni ninguna mezquita, donde sólo haya iglesias e iglesias, y la misma oración y la misma escritura y el mismo Papa tonto... ¡no será bueno! Es hermoso que haya trescientas religiones en el mundo; hacen falta más.

En mi visión, cada persona debería tener su propia religión. Debería haber tantas religiones como personas. Sólo entonces se acabará este conflicto, este conflicto continuo, esta lucha entre religiones: cuando todo el mundo tenga una religión y sea algo único como tu firma, como la huella de tu pulgar... único. Entonces no habrá ningún problema, ningún conflicto; nadie intentará convertir a nadie. No intentas convertir a la gente diciendo: "Haz tu firma igual que yo". De hecho, si alguien lo hace informarás a la policía: "Este hombre intenta imitarme".

La religión debería ser un fenómeno personal, íntimo. Pero hay gente que quiere convertir el mundo entero en cristiano o comunista. Quieren convertir al mundo entero en católico o mahometano o hindú.

Los mahometanos dicen que sólo hay un Dios y sólo un profeta de Dios, que es Mahoma. Entonces Dios parece muy pobre... ¿sólo UN profeta? ¿No puede crear más profetas? Mahoma no ha agotado todas las posibilidades; nadie puede agotarlas, ni Buda ni Jesús. Todos ellos son cimas únicas, pero ninguna cima puede agotar todas las cimas. El Himalaya tiene su propia belleza, pero es diferente de la belleza de los Alpes; y los Alpes tienen su propia belleza, pero es diferente de la belleza de los Vindhyas. Cada montaña tiene su propia belleza, cada cumbre tiene su propia belleza, y contribuye a la riqueza del mundo.

No me gustaría que todos se convirtieran en cristianos, hindúes o mahometanos. Me gustaría que todo el mundo estuviera libre de estas prisiones, que todo el mundo fuera él mismo. Es una idea fascista, que todo el mundo sea como todo el mundo. Y esta idea fascista se está imponiendo de diferentes maneras en diferentes aspectos de la humanidad.

Los heterosexuales no permiten que nadie sea homosexual. ¿Por qué? ¿Quiénes son ustedes para decidir? ¿Quién te ha dado el derecho a decidir? Si dos personas se sienten felices siendo homosexuales, no es asunto de nadie más interferir. Pero todas las sociedades interfieren.

El otro día, Aditya dijo que Hamid le había sugerido que no había razón para que no pensara en convertirse en gay. Hamid debió de bromear. Y cuando hablé de ello, Hamid se mostró muy turbado: "¿Qué pensará ahora la gente de mí?". Debe haber estado bromeando con Aditya. Ahora está muy preocupado por su reputación.

Y por supuesto, ¡es nuestro Ayatolá Hamidullah Khomaniac! Así que su prestigio.... ¡Incluso Divya lloró cuando se enteró de que Hamid había invitado a Aditya! Debía estar bromeando porque los iraníes están muy en contra de la homosexualidad.

En Irán, el castigo para la homosexualidad es la muerte, aunque debido a este castigo, hay más iraníes homosexuales que nadie. Porque cuando algo es tan peligroso, la gente se interesa: "Naturalmente tiene que haber algo en ello.

Cuando el castigo es la muerte, eso significa que debe haber algo superior a la vida en él, más que la vida en él. Merece la pena correr el riesgo".

Pero, ¿por qué hay que preocuparse por los demás? Sobre todo la sociedad permanece alerta: nadie debe tener su propio camino individual sobre su sexo, sobre su amor, sobre su ropa, sobre su forma de hablar, modales. Toda sociedad impone una regla fascista a sus miembros. Destruye mucho de lo que es bello.

Sudarsho, me preguntas: ¿NO SON TODAS LAS PERSONAS REALMENTE IGUALES?

No como tú los conoces.

La guapa estudiante pidió nerviosamente al médico que le practicara una operación poco corriente: la extracción de un gran trozo de cera verde de su ombligo.

Levantando la vista de la cosquillosa tarea, el médico preguntó: "¿Cómo ha ocurrido esto?".

"Pues verá, doc", dijo la chica, "a mi novio le gusta comer a la luz de las velas".

No hay nada malo en ello. No debería ser asunto de nadie más. Si alguien quiere comer a la luz de las velas se le debería permitir. ¿Y dónde se puede poner la vela? El mejor lugar parece ser el ombligo... ¡qué idea más natural!

Abe y Me hablaron de sus hijos sin cuenta.

Abe dijo: "Mi hijo inútil. Le doy un trabajo en mi negocio de ropa. Le doy 50.000 dólares al año, un coche nuevo, un apartamento precioso, ¿y qué hace? Se pasa la noche en vela, entra a trabajar a las once o las doce y se pasa la tarde jugando con las modelos".

"¿Crees que tienes problemas?" Me dijo. "Mi hijo malo es peor. Le doy un trabajo en mi negocio de ropa. Le pago 50.000 dólares al año y le doy un coche nuevo y un apartamento precioso, ¿y qué hace? Se pasa la noche en vela, llega a las once o las doce y se pasa la tarde jugando con las modelos".

"¿Qué hay de peor en eso?" preguntó Abe.

"Te olvidas", replicó Me. "¡Estoy vestido de hombre!"

En la circunferencia la gente es diferente, y DEBERÍA ser diferente, y cada uno debería mantener su individualidad en la circunferencia. Nunca se debe transigir por ningún motivo. Sólo entonces podremos crear un mundo realmente democrático. La democracia real significa que la multitud ya no controla la vida individual.

La democracia es menos un fenómeno político que un fenómeno religioso; es mucho más importante que la política. La democracia es una visión totalmente nueva de la vida. Todavía no se ha dado en ninguna parte; todavía tiene que darse. Democracia significa que cada individuo tiene derecho a vivir según su luz; no se le debe impedir. A menos que se convierta en un estorbo o una molestia para los demás, se le debe permitir toda la libertad en todos los aspectos de la vida.

Esa es mi visión de un mundo realmente democrático. Así es como me gustaría que funcionaran mis sannyasins: sin interferir en la vida de nadie. Hay que dar un gran respeto al otro.

Pero en el centro, todo el mundo es igual. Cuando meditas te mueves hacia el centro. En los momentos más profundos de la meditación, todas las diferencias desaparecen. Allí eres universal, no individual.

Y hay que ser ambas cosas: individual y universal. Y tienes que ser muy flexible y fluido entre estos dos. Debería ser tan fácil como cuando sales de tu casa, de tu hogar. Cuando hace demasiado frío dentro, sales y te sientas al sol. Cuando hace demasiado calor, entras. No crea ningún problema; simplemente entras y sales. No hay ningún problema, es tu casa.

Una persona debe ser capaz de vivir en la circunferencia y en el centro con facilidad. Debería ser capaz de pasar del mercado al espacio meditativo y del espacio meditativo al mercado, sin problemas, de forma lúdica, fácil y espontánea.

La cuarta pregunta
MAESTRO,

LA MAYOR PARTE DE MIS PRIMEROS AÑOS DE VIDA LOS DEDIQUÉ A ANESTESIARME ANTE CASTIGOS INSOPORTABLES. EL ANONADAMIENTO ERA TOTALMENTE NECESARIO PARA SOBREVIVIR A AQUELLOS TIEMPOS, PERO AQUELLOS DÍAS YA NO EXISTEN, Y DESPUÉS DE TREINTA Y DOS AÑOS ESTOY ATERRORIZADO Y CAREZCO DEL VALOR PARA IR HACIA MI INTERIOR. ¿DE DÓNDE PROCEDE EL PERDÓN, Y, MAESTRO, QUÉ CLASE DE NOMBRE INSENSATO ME HAS DADO?

Devaprem,

TODOS LOS NOMBRES SON TONTOS. Por eso tengo que explicarte el nombre, para que al menos parezca que no es una tontería. Tengo que darle un significado hermoso... de lo contrario, ¡los nombres son nombres! No son más que etiquetas. "Devaprem" significa amor divino. ¡Qué nombre más bonito te he puesto! Pero, aun así, los nombres son nombres.

Existe una antigua ceremonia china en la que los padres de un niño eligen el nombre del bebé: nada más nacer, se lanzan al aire todos los cubiertos de la casa de sus padres. Los padres escuchan entonces los cuchillos, tenedores y cucharas que caen y eligen un nombre: Ping, Chang, Tang, Fung, Chung....

¡Eso también es perfectamente correcto! Parece una forma sabia de averiguar el nombre, como si Dios mismo lo hubiera elegido. Y así es como sigo eligiendo sus nombres. ¿Crees que hay mucho conocimiento esotérico y secreto detrás de ello? Nada de eso. Cualquier cosa y le pongo un nombre. Ni siquiera me lo pienso dos veces.

Pero puedo entender por qué sientes que el nombre no te queda bien. Te has convertido en una persona cerrada y el amor se ha vuelto difícil. Le pasa a mucha gente... de hecho, a la mayoría de la gente, más o menos.

El niño tiene que volverse poco cariñoso, poco espontáneo. Tiene que amortiguar su sensibilidad sólo para sobrevivir: todos los niños, más o menos; la diferencia es sólo de grado. Cada niño tiene que aprender trucos para sobrevivir. Y el truco básico es: nunca seas espontáneo. Sé formal, nunca seas natural, porque tu espontaneidad será castigada y tu formalidad alabada, recompensada.

Los padres aplican una estrategia sutil: crean miedo en el niño si dice la verdad.

Nadie quiere que el niño diga la verdad, y el niño aún no es capaz de mentir. Pero tiene que aprender.

Cuando los padres de Cleo la amenazaron con prohibirle ver a su novio a menos que les contara por qué había estado allí tan tarde la noche anterior, ella empezó a hablar.

"Bueno, lo llevé... lo llevé a la habitación de los enamorados, y..."

"Eso es VIVIR, querida", dijo la madre.

"¡Me lo dices a mí!"

Los niños son cuidadosos observadores de lo que ocurre a su alrededor. Por supuesto, sus sentidos son muy claros, despejados. Ven la verdad inmediatamente. A un niño no se le puede engañar; lo sabe de inmediato, intuitivamente. Y es tan inocente que le resulta imposible ser formal. Pero tiene que ser formal para sobrevivir. Y el niño del hombre es muy indefenso. Es debido a la impotencia del niño del hombre que toda nuestra civilización existe. Podemos manejar, moldear al niño de todas las maneras posibles, de la manera que queramos.

Los niños no deben decir cosas que saben. Saben mucho más de lo que te dicen. Fingen ser inocentes porque no quieres que sepan más de lo que se les enseña en la escuela, de lo que les enseña el predicador, de lo que les enseñas tú; y ciertamente saben más. Se mueven en la sociedad, en la vida, con sentidos agudos y alerta. Observan todo lo que sucede a su alrededor. Pero tarde o temprano aprenden una cosa: que tienen que ser diplomáticos; con los mayores no se puede ser verdadero, honesto, sincero.

Tres jóvenes franceses pasaban el verano en el campo. Una tarde paseaban por el campo y vieron a una pareja que se abrazaba por casualidad, tumbada bajo un árbol.

"Mon dieu", exclamó el más pequeño, que sólo tenía seis años, "esa gente está teniendo una pelea terrible".

"Pero no, mon petit", replicó el niño de nueve años, más sofisticado, "esa gente está haciendo el amor".

"Cierto", coincidió el mayor, un chaval de once años, "¡pero qué aficionados!".

Pero los niños no pueden decir estas cosas a sus padres ni ante sus padres. Saben mucho más de lo que crees que saben. Están tan alerta, tan disponibles a la vida. Son tan abiertos y vulnerables; siguen permitiendo que cada sensación penetre en su ser. Pero tarde o temprano tienen que apagarse; tienen que volverse rígidos, tienen que cerrarse. Aprenden una cosa: que a menos que sigan a sus padres, a sus sacerdotes, a sus políticos, tendrán que sufrir mucho. La respetabilidad es sólo para los que son obedientes.

Devaprem, dices: LA MAYOR PARTE DE MIS PRIMEROS AÑOS DE VIDA LOS DEDIQUÉ A MATARME A CASTIGOS INSOPORTABLES. EL ANONADAMIENTO ERA TOTALMENTE NECESARIO PARA SOBREVIVIR A AQUELLOS TIEMPOS, PERO AQUELLOS DIAS YA NO EXISTEN, Y DESPUES DE TREINTA Y DOS AÑOS, ESTOY ATERRORIZADO Y ME FALTA EL VALOR PARA ENTRAR EN MI INTERIOR.

Ahora no hay por qué aterrorizarse; eso hay que entenderlo. Puedes dejar de tener miedo. Es sólo un viejo hábito. Un poco de inteligencia... y esa inteligencia cada uno la tiene. Si en la infancia tuviste la inteligencia de matarte para sobrevivir, ERES una persona inteligente.

Ahora, los padres no están ahí... nadie te obliga a nada, nadie te castiga. Es sólo un viejo miedo, un recuerdo. Puedes superarlo.

No necesitas terapia primal: ir gritando contra tus padres durante tres años. Eso no te va a ayudar, es simplemente estúpido. Si necesitas tres años para gritar y chillar a tus padres, y sólo entonces saldrás de ello, eso significa que no tienes ninguna inteligencia. ¿Y cuál es la garantía de que sólo por gritar durante tres años y gritar a tus padres te volverás inteligente? Creo que serás menos inteligente de lo que eras antes... ¿tres años de gritar y gritar? Perderás cualquier inteligencia que tus padres hayan dejado en ti. No es necesario. Uno simplemente tiene que ver que esos días han terminado. La meditación es suficiente.

Meditar significa VER, tomar conciencia, de que esos días han pasado, el miedo ya no existe, nadie va a castigarte. Es sólo un viejo hábito. Sal de él con la menor fanfarria posible. No le des mucha importancia. Debido a que haces mucho alboroto al respecto, muchas terapias han evolucionado. Son sólo ayudas para ti, para que puedas hacer un alboroto científico, para que tu alboroto sea racionalizado. Pero las personas inteligentes no las necesitan.

Una persona inteligente es aquella que puede ver que ya no es de noche, es de día. ¿Por qué tienes miedo de la oscuridad? ¿Necesitas primero gritar durante tres horas contra la noche y la oscuridad y el miedo? Eso sería completamente estúpido. Eso destruirá el día. ¿Por qué desperdiciarlo?

La noche ya no existe.

Por eso en Oriente no hemos desarrollado ningún método terapéutico como en Occidente, por la sencilla razón de que llegamos a comprender una cosa: que todo lo que se necesita es un poco de inteligencia, y todo el mundo la tiene. Y la meditación ayuda a que la inteligencia se agudice.

Basta con ver; ver trae la transformación. Y cuando la transformación llega sin ningún proceso largo es mucho más profunda.

Cuando requiere un largo proceso, significa que seguirá siendo superficial.

Así que todavía no he encontrado a una sola persona cuya terapia primal haya tenido éxito totalmente. NUNCA puede tener éxito. El psicoanálisis no ha sido capaz de crear una sola persona totalmente psicoanalizada; ni siquiera Sigmund Freud lo fue en su totalidad. Janov no es realmente de lo que está hablando—el hombre primario, la inocencia primaria—no lo es.

Puedes ver en su cara todo tipo de tensión, angustia, ansiedad; es tan evidente. Necesita unos cuantos años más de gritos; y entonces tampoco creo que desaparezcan esas tensiones.

Pueden incluso volverse más sutiles, más nutridos, porque si gritas durante años, recuerda, lo estás practicando; es una especie de práctica, una especie de cultivo de ello. Entonces te vuelves adicto a ello; sin gritar durante unas horas no te sentirás bien. Entonces es un proceso intoxicante, una especie de auto-hipnosis. Sí, gritar durante una hora cada día te hará sentir un poco relajado, pero es una relajación estúpida.

Ver es transformar. Esa es nuestra experiencia en Oriente. Todos los Budas de Oriente han dado una sola meditación: vigilancia, consciencia.

Ahora, Devaprem, tú sabes, eres consciente de cómo ha surgido en ti este miedo: de treinta años de miedo, de continuo miedo al castigo, te has cerrado, te has encapsulado, y estás siempre en guardia. No puedes relajarte, no puedes ser sincero, no puedes ser honesto. No puedes decir lo que quieres decir, no puedes hacer lo que siempre has querido hacer. Usted SABE—y ahora....

Fue correcto en aquellos años... te comportaste inteligentemente. Nada estaba mal, de lo contrario no habrías sobrevivido. Ahora que has sobrevivido, déjalo, ya no es necesario. La enfermedad ya no existe, ¿por qué seguir cargando con los frascos de medicamentos y las recetas? ¿Necesitas una terapia para tirar los frascos y las recetas? Irás a un terapeuta y le dirás: "Ahora la enfermedad ya no existe, pero no puedo desprenderme de esta receta. Sigo llevándola, y estos frascos. Ya no los necesito. ¿Cómo soltarlos?". ¿Hace falta un "cómo"? No hace falta ningún "cómo". Ve al Rotary Club y dónalas. Ellos recogen medicinas, etcétera, que nadie más necesita.

Su lema es: Servimos. Así que ayúdales a servir a la gente.

Es muy sencillo salir. ¿Pero por qué la gente le da tanta importancia?—porque es parte de su ego. No quieres que sea tan simple. Treinta años de vida... ¡y me estoy burlando de ello! Te gustaría pagar un buen dinero a un terapeuta e invertir algo de tiempo. Eso te hace sentir bien, te hace sentir importante.

De hecho, ahora en Occidente la gente se jacta de llevar tres o siete años en psicoanálisis. Y otra persona se jacta de que "El psicoanálisis está pasado de moda. He estado en terapia gestalt, en terapia primal". Y ahora hay "groupies" que no paran de pasar de un grupo a otro. Toda su vida consiste en pasar de un grupo a otro.

Muchos grupistas vienen a mí y me dicen: "Hemos hecho TODOS los grupos". Y lo dicen de la misma manera que antiguamente se decía: "Hemos ayunado, rezado, y hemos sacrificado todas nuestras alegrías, y somos santos"—¡de la misma manera! Este es un nuevo tipo de santidad que está surgiendo en el mundo: "He pasado por todo tipo de grupos". Y les miro a los ojos y dicen: "Y no ha pasado nada".

Dicen: "Mis problemas son mucho más complejos, están mucho más arraigados de lo que pueden abarcar estas terapias. No pueden ayudarme. No soy una persona ORDINARIA; mis problemas son extraordinarios".

A la gente le gusta decirlo. Veo una luz en sus ojos cuando dicen: "Nadie ha sido capaz de ayudarme. Maestro, ¿puedes ayudarme?". Me están desafiando. Todo lo que quieren es añadir un nombre más a su lista: "Yo también he acudido a este tipo y no puede ayudarme. Mis problemas son tales... no son problemas ordinarios que cualquiera pueda ayudar".

La gente también presume de sus enfermedades, recuerda. Puede que sólo tengan una enfermedad corriente, pero ¿quién quiere tener una enfermedad corriente?

¿Has observado alguna vez tu propia reacción? Cuando vas al médico con el corazón palpitante, pensando que es cáncer, y te dice: "No es nada. Es sólo un resfriado común"... ¿has observado?—te sientes un poco triste. ¿Sólo un resfriado común? Surge el deseo de visitar a otro médico. ¡¿Tú y un resfriado común?! Usted no es una persona común, ¿cómo puede tener un resfriado común? El ego es tal que se nutre de todo tipo de cosas, correctas o incorrectas.

Así que no te preocupes mucho por ello. Ha pasado, ha terminado. Sal de ello - y sin hacer ningún ruido, sin hacer ninguna ceremonia de que estás saliendo de ello. Simplemente empieza a estar vivo de nuevo, sensible, como siempre habías sido en tu infancia. Esa es tu naturaleza, así que puedes recuperarla fácilmente. Lo que has aprendido no es tu naturaleza así que puede ser desaprendido muy fácilmente.

La última pregunta

MAESTRO,

¿ESTÁN CIEGOS TODOS LOS PERIODISTAS? ¿NO PUEDEN VER LA VERDAD? ¿POR QUÉ DIFUNDEN CONTINUAMENTE MENTIRAS SOBRE USTED?

Nisha,

LA PROFESIÓN DE PERIODISTA es tal que vive de la mentira. La verdad no es noticia; la mentira es noticia, una hermosa noticia. Cuanto más grande es la mentira, mejor es la noticia, porque tiene cierta cualidad: la cualidad de crear sensación. El periodismo vive de la mentira. Si los periodistas decidieran sólo ser verdaderos, no habría tantos periódicos, ni tantas revistas. Y tampoco habrá muchas noticias. La verdad se puede escribir en una postal.

He oído que en el cielo no hay periódicos porque allí nunca hay noticias.

George Bernard Shaw ha hecho una definición: "Cuando un perro muerde a un hombre no es noticia, pero cuando un hombre muerde a un perro es noticia". En el cielo ningún hombre muerde a un perro. En primer lugar, es muy difícil encontrar un perro allí; en segundo lugar, nadie está interesado en morder a nadie, así que ¿qué noticias puedes tener?

Pero en el infierno tienen grandes periódicos y su tirada es de millones. Allí tienen noticias. Cada día, cada momento, las cosas están sucediendo - todo el mundo está mordiendo a los demás.

Cuando vienen los periodistas, vienen a buscar algo sensacional. Si no lo encuentran, tienen que inventarlo; de lo contrario, su ir y venir ha sido inútil. Y si un periodista vuelve a su despacho sin ninguna noticia una y otra vez, su trabajo ha desaparecido.

O encuentras algo sensacionalista o te lo inventas.

El periodismo depende de la invención. Y entonces, poco a poco, un periodista empieza a tener un cierto tipo de enfoque hacia las cosas: ve inmediatamente lo negativo. No puede ver lo positivo porque lo positivo no es asunto suyo.

Es como un zapatero: sólo mira tus zapatos, no tu cara. ¿Qué tiene que ver con tu cara? En realidad, mirando tu zapato conoce toda tu biografía; un zapatero de verdad con sólo mirar tu zapato puede decir todo sobre tu vida con mucha más precisión que cualquier astrólogo. La condición del zapato mostrará la condición, la condición financiera, en la que te encuentras. Si tienes que caminar demasiado, eso mostrará que no tienes coche, que no tienes dinero. El zapato dirá muchas cosas.

El zapatero sólo mira el zapato, y el sastre sólo mira tu ropa, y el médico sólo mira las enfermedades. Lleva a un hombre perfectamente sano al médico y te sorprenderás: encontrará muchas enfermedades.

He oído que un médico amigo de Picasso había ido a visitarle. Picasso acababa de terminar un retrato. Invitó al médico amigo a ver el retrato. Miró, miró de un lado y de otro, y luego pidió una linterna... ¡de día!

Picasso estaba perplejo, pero también intrigado, así que le dio una linterna. Miró a los ojos del retratado y dijo: "Neumonía".

Un médico es un médico. Su profesión le da un cierto ojo.

El periodista viene aquí con cierto ojo, con ciertas ideas fijas, prejuicios. Viene a buscar algo negativo que pueda convertirse en sensacionalista. Y entonces, por supuesto, puede encontrarlo; y si no lo encuentra, puede inventarlo. Y sólo miran desde fuera; tienen demasiado miedo de implicarse más a fondo. Algunos periodistas se han involucrado, pero una vez que lo hacen ya no son periodistas.

Puedes preguntarle a Satyananda. Era un famoso periodista de una de las revistas más importantes de Alemania, STERN. Se involucró tanto... que no funcionó aquí como un periodista. Intentó conocer las cosas desde dentro . Participó en grupos, en meditaciones, y luego... se hizo sannyasin.

STERN se negó a publicar su historia porque le dijeron: "Usted ya no es periodista.

Ahora te has convertido en parte de este movimiento naranja, así que todo lo que digas será favorable".

Durante meses tuvo que insistir: "¡He trabajado mucho!". Redujeron su historia casi a la mitad.

Destruyeron toda su historia, distorsionaron toda la historia, y sólo entonces la publicaron.

¡Y perdió su trabajo!

Ahora ha venido aquí para siempre. También hay otros periodistas, al menos una docena.

Subhuti está aquí y otros están aquí....

A un periodista su profesión le enseña a mantenerse siempre a distancia: "Mira desde fuera". Y desde fuera nunca se puede saber cómo son las cosas.

Una guapa joven viajaba en tren por Texas. Un hombre de aspecto apuesto se le acercó y le susurró algo al oído, tras lo cual ella le dio una bofetada.

Un tejano alto sentado al otro lado del pasillo se levantó y le preguntó: "¿Este hombre está abusando de usted, señora?".

"Desde luego que sí", respondió ella. "Acaba de ofrecerme diez dólares si le acompaño a su compartimento para dormir".

Sin dudarlo, el tejano sacó su pistola y disparó al hombre.

"¡Dios mío!", gritó la mujer. "¡Esa no es razón para matarlo!"

"Mataré a cualquier hombre", respondió el tejano, "que intente subir los precios en Texas".

Si hubieras mirado sólo desde fuera nunca habrías pensado en esto, en lo que había dentro de la mente del tejano. Habrías pensado que era un gran santo o algo así.

Pero el periodista tiene que mantener las distancias. Piensa que manteniendo la distancia podrá saber más. No, sólo recogerá información, fragmentos de información, de hecho irrelevantes, inconexos entre sí, porque no tiene ningún acercamiento al centro. Y va a distorsionarla aún más para hacerla más sensacionalista.

Un grupo de sannyasins en Bonn, Alemania, estaban dando un paseo en barco por el río Rin cuando se dieron cuenta de que un conocido periodista estaba a bordo del barco. Decidieron hacer algo para dar una imagen más positiva de los sannyasins en Alemania. Así que, ante los ojos del periodista, se metieron en el agua e hicieron una danza sufí giratoria alrededor del barco en movimiento. Luego, completamente secos, volvieron a subir a la cubierta del barco.

Al día siguiente, los sannyasins escudriñaron ansiosos el periódico para ver qué había escrito el periodista sobre su fantástica hazaña.

Allí, en las últimas páginas, encontraron un pequeño artículo con el titular: ¿CUÁNDO APRENDERÁN POR FIN A NADAR LOS SANNYASINS?

¡Ah, esto!

Ver enseguida

DOGO TENÍA UN DISCÍPULO LLAMADO SOSHIN. CUANDO SOSHIN FUE ACOGIDO COMO NOVICIO, TAL VEZ ERA NATURAL QUE ESPERARA LECCIONES DE ZEN DE SU MAESTRO, DEL MISMO MODO QUE SE ENSEÑA A UN ESCOLAR EN LA ESCUELA. PERO DOGO NO LE DIO NINGUNA LECCIÓN ESPECIAL SOBRE EL TEMA, Y ESTO DESCONCERTÓ Y DECEPCIONÓ A SOSHIN.

UN DIA LE DIJO AL MAESTRO: "HACE TIEMPO QUE VINE AQUI, PERO NO SE ME HA DADO NI UNA PALABRA SOBRE LA ESENCIA DE LA ENSENANZA ZEN".

DOGO RESPONDIÓ: "DESDE TU LLEGADA TE HE ESTADO DANDO LECCIONES SOBRE LA DISCIPLINA ZEN".

"¿QUÉ CLASE DE LECCIÓN PODRÍA HABER SIDO?"

"CUANDO ME TRAES UNA TAZA DE TÉ POR LA MAÑANA, LA TOMO; CUANDO ME SIRVES UNA COMIDA, LA ACEPTO; CUANDO ME HACES UNA REVERENCIA, TE LA DEVUELVO CON UNA INCLINACIÓN DE CABEZA.

¿DE QUÉ OTRA FORMA ESPERAS SER ENSEÑADO EN LA DISCIPLINA DEL ZEN?"

SOSHIN AGACHÓ LA CABEZA DURANTE UN RATO, REFLEXIONANDO SOBRE LAS DESCONCERTANTES PALABRAS DEL MAESTRO.

EL MAESTRO DIJO: "SI QUIERES VER, VE DE INMEDIATO. CUANDO EMPIEZAS A PENSAR, PIERDES EL PUNTO".

Sujata me ha escrito:

¡Qué raro que Dios eligiera a los judíos!

Sujata,

¡DIOS TIENE UN TREMENDO SENTIDO DEL HUMOR! La religión sigue siendo algo muerto sin el sentido del humor como fundamento de la misma. Dios no habría sido capaz de crear el mundo si no tuviera sentido del humor. Dios no es serio en absoluto. La seriedad es un estado de enfermedad; el humor es salud. El amor, la risa, la vida, son aspectos de la misma energía.

Pero durante siglos se ha dicho a la gente que Dios es muy serio. Esta gente era patológica. Crearon un Dios serio, proyectaron un Dios serio, a partir de su propia patología. Y hemos venerado a estas personas como santos. No eran santos. Necesitaban un gran despertar; estaban profundamente dormidos en su seriedad. Necesitaban reír, eso les habría ayudado más que todas sus oraciones y ayunos; eso habría limpiado sus almas mucho mejor que todas sus prácticas ascéticas. No necesitaban más escrituras, más teologías; sólo necesitaban la capacidad de reírse de la hermosa absurdidad de la vida. Es extáticamente absurda. No es un fenómeno racional; es totalmente irracional.

Moisés subió a la montaña. Después de mucho tiempo apareció Dios. "Hola, Moisés. Me alegro de verte. Siento que hayas tenido que esperar, pero creo que sentirás que ha merecido la pena porque hoy tengo algo muy especial para ti."

Moisés pensó un segundo y luego dijo: "Oh, no, Señor, de verdad. Gracias, pero ahora no necesito nada. Quizá en otra ocasión".

"Moisés, esto es gratis", dijo el Señor.

"Entonces", dijo Moisés, "¡dame diez!"

Así es como los judíos obtuvieron los Diez Mandamientos.

Sujata, el Zen tiene algo de judío. Es realmente muy desconcertante por qué el Zen no apareció en el mundo judío. Pero los chinos también tienen un tremendo sentido del humor. El Zen no es indio, recuérdalo. Por supuesto, el origen está en Gautam el Buda, pero sufrió una tremenda transformación al pasar por la conciencia china.

Hay algunas personas muy sabias que piensan que el Zen es más una rebelión contra la seriedad india que una continuidad de la misma. Y no les falta razón; hay algo de verdad en ello. Lao Tzu es más judío que hindú: sabe reír. Chuang Tzu ha escrito historias tan bellas y absurdas; nadie puede concebir que una persona iluminada escriba tales historias, que sólo pueden llamarse, en el mejor de los casos, entretenimiento. Pero el entretenimiento puede convertirse en la puerta a la iluminación.

El zen está originalmente relacionado con Buda, pero el color y el sabor que le aportaron llegaron a través de Lao Tzu, Chuang Tzu, Lieh Tzu y la conciencia china. Y luego floreció en Japón; llegó a su máximo apogeo en Japón. Japón también tiene una gran calidad:

de tomarse la vida con alegría. La conciencia de Japón es muy colorida.

El Zen podría haber ocurrido también en el mundo judío. Algo así realmente SUCEDIÓ... eso es el jasidismo. Esta historia debe haber venido de fuentes judías, aunque se trata de Jesús. Pero los cristianos no tienen sentido del humor. Y Jesús nunca fue cristiano, recuerde. Nació judío, vivió como judío y murió como judío.

Jesús está colgado en la cruz cantando, "Da-di-li-da-dum-dein...."

De repente, Pedro sisea desde abajo: "¡Eh, Jesús!".

Jesús continúa, "Da-di-dum-da-dum-da-dei...."

Pedro, ahora con más urgencia: "¡Eh, Jesús, para!".

Jesús continúa alegremente con "Di-duah-duah...."

Finalmente Pedro grita: "¡Por el amor de Dios, Jesús, basta ya! Vienen turistas".

Intenta comprender el Zen a través de la risa, no a través de la oración. Intenta comprender el Zen a través de las flores, las mariposas, el sol, la luna, los niños, la gente en todos sus absurdos. Observa todo este panorama de la vida, todos estos colores, todo el espectro.

El Zen no es una doctrina, no es un dogma. Es crecer en una visión. Es una visión... muy desenfadada, nada seria.

Sé ligero de corazón, ligero de pies. Sé de paso ligero. No lleves la religión como una carga. Y no esperes que la religión sea una enseñanza; no lo es. Ciertamente es una disciplina, pero no una enseñanza en absoluto. La enseñanza tiene que imponérsete desde fuera y la enseñanza sólo puede llegar a tu mente, nunca a tu corazón, y nunca, nunca al centro mismo de tu ser. La enseñanza sigue siendo intelectual. Es una respuesta a la curiosidad humana, y la curiosidad no es una verdadera búsqueda.

El estudiante permanece fuera del templo del Zen porque sigue sintiendo curiosidad. Quiere saber las respuestas y no las hay. Tiene preguntas estúpidas que responder: "¿Quién hizo el mundo? ¿Por qué hizo el mundo?". Y así sucesivamente. "¿Cuántos cielos hay y cuántos infiernos? ¿Y cuántos ángeles pueden bailar en la punta de una aguja? ¿Y el mundo es infinito o finito? ¿Hay muchas vidas o sólo una?" Todo esto son curiosidades, buenas para un estudiante de filosofía, pero no para un discípulo.

Un discípulo tiene que abandonar la curiosidad. La curiosidad es algo muy superficial. Incluso si esas preguntas son respondidas, nada le habrá pasado a tu ser; seguirás siendo el mismo. Sí, tendrás más información, y a partir de esa información crearás nuevas preguntas. Cada pregunta respondida trae diez nuevas preguntas más; la respuesta crea otras diez nuevas preguntas.

Si alguien dice: "Dios creó el mundo", la pregunta es: "¿Por qué creó el mundo? ¿Y por qué un mundo como este?—tan miserable. Si es omnipotente, omnisciente, omnipresente, ¿no podía ver lo que estaba haciendo? ¿Por qué creó el dolor, la enfermedad, la muerte?". Ahora, tantas preguntas....

La filosofía es un ejercicio inútil.

Un estudiante viene por curiosidad. A menos que se convierta en discípulo, no será consciente de que la curiosidad es un círculo vicioso. Haces una pregunta, te dan la respuesta, la respuesta trae otras diez nuevas preguntas, y así sucesivamente. Y el árbol se hace más y más grande; más y más espeso es el follaje. Y finalmente el filósofo sólo tiene preguntas y ninguna respuesta.

Rodeado de todas esas preguntas estúpidas... estúpidas las llamo porque no tienen respuesta; estúpidas las llamo porque nacen de la curiosidad infantil. Cuando uno está rodeado de todas esas preguntas y no tiene respuesta, pierde agudeza, pierde claridad, se nubla. Y uno deja de ser inteligente. Cuanto más intelectual se vuelve uno, menos inteligente es.

El profesor que había internado a su mujer en un psiquiátrico hablaba con el jefe de personal. "¿Cómo sabremos cuándo mi mujer vuelve a estar bien, doctor?".

"Tenemos una prueba sencilla que hacemos a todos nuestros pacientes", respondió. "Ponemos una manguera en un abrevadero, abrimos el grifo, damos un cubo al paciente y le decimos que vacíe el abrevadero".

"¿Qué prueba eso?", preguntó el profesor.

"Elemental, señor", le aseguró el médico. "Cualquier persona en su sano juicio cerraría la manguera".

"¿No es maravillosa la ciencia?", replicó. "¡Nunca se me habría ocurrido!".

Debe ser profesor de filosofía; no puede ser menos que eso.

El profesor sólo sabe hacer preguntas. Se pierde en la jungla de las preguntas. El filósofo permanece inmaduro. La madurez es de conciencia, no de intelectualidad. No es de conocimiento, es de inocencia.

Sí: NO SABER ES LO MÁS ÍNTIMO. Y funcionar desde ese no-saber es funcionar de un modo iluminado. Responder desde el no-saber es responder como un Buda. Esa es la verdadera respuesta porque no está nublada, no está distorsionada, no está contaminada, no está contaminada ni envenenada por tu mente y tu pasado. Es fresca, es joven, es nueva. Surge ante el reto del presente. Siempre está en sincronía con lo nuevo, con el presente. Y el presente siempre es nuevo, siempre está en movimiento, es dinámico. Todas tus respuestas son estáticas, y la vida es dinámica.

POR LO TANTO, AL ZEN NO LE INTERESAN LAS RESPUESTAS, ni las preguntas. No le interesa en absoluto enseñar. No es una filosofía; es una forma totalmente diferente de ver las cosas, la vida, la existencia, a uno mismo, a los demás. Sí, es una disciplina.

Disciplina significa simplemente una metodología para centrarte más, para estar más alerta, para ser más consciente, para traer más meditación a tu ser; no funcionando a través de la cabeza, ni siquiera a través del corazón, sino funcionando desde el núcleo mismo de tu ser, desde el núcleo más íntimo, desde el centro de tu ser, desde tu totalidad. No es una reacción, la reacción viene del pasado, es una respuesta.

La respuesta es siempre EN el presente, HACIA el presente.

El Zen te da una disciplina para convertirte en un espejo y poder reflejar lo que es. Todo lo que se necesita es una conciencia sin pensamientos.

Lo primero que hay que abandonar es la curiosidad, porque la curiosidad te mantendrá atado a lo fútil. Te mantendrá siendo un estudiante; nunca te permitirá convertirte en un discípulo.

Boris, que era ruso, llevaba pocos meses en Estados Unidos. No hablaba muy bien inglés.

Un día le preguntaron: "Boris, ¿qué es lo que más ansías ver en América?".

"Bueno", respondió Boris, "lo que más me apetece es conocer a la famosísima señora Beech, que tantos hijos tuvo en la última guerra".

¿Lo pilla? Debe de haber oído a todos los americanos llamarse "sonofabitch, sonofabitch...", así que está muy interesado, ansioso, curioso, por saber de Mrs.

Beech, la famosa Sra. Beech.

La curiosidad siempre es así. Es tonta, pero puede mantenerte atado a la mente. Y no pienses que hay una curiosidad que es espiritual, metafísica. No, no existe nada de eso; toda curiosidad es igual. Tanto si preguntas por "la famosa Sra. Beech"

o preguntas sobre Dios, todo es lo mismo. La indagación de la mente tendrá la misma cualidad - de infantilismo.

Hay un tipo de esquire totalmente diferente que surge de lo más profundo de tu ser.

Al Zen le interesa la disciplina, no la enseñanza. Quiere que estés más alerta para que puedas ver con más claridad. No te da la respuesta, sino los ojos para ver. ¿De qué sirve explicarle a un ciego qué es la luz y todas las teorías sobre la luz? Es inútil. Es una estupidez responder a la curiosidad de un ciego. Lo que necesita urgentemente es un tratamiento para sus ojos. Necesita una operación, necesita ojos nuevos, necesita medicinas. Eso es disciplina.

Buda ha dicho: "Soy médico, no filósofo". Y el Zen es absolutamente un tratamiento. Es el tratamiento más grande que ha llegado a la humanidad, del trabajo de miles de personas iluminadas—muy refinado. Puede ayudarte a abrir los ojos. Puede ayudarte a sentir de nuevo, a ser sensible a la realidad. Puede darte ojos y oídos. Puede darte un alma. Pero no le interesan las respuestas.

Medita sobre esta hermosa historia:

DOGO TENÍA UN DISCÍPULO LLAMADO SOSHIN. CUANDO SOSHIN FUE ACOGIDO COMO NOVICIO, ERA TAL VEZ NATURAL QUE ESPERARA LECCIONES DE ZEN DE SU MAESTRO, DEL MISMO MODO QUE SE ENSEÑA A UN ESCOLAR EN LA ESCUELA.

SÍ, DE ALGUNA MANERA ES NATURAL, porque así es como estamos condicionados. El conocimiento se nos da en forma de preguntas y respuestas. Desde la escuela primaria hasta la universidad así es como nos enseñan, nos condicionan, nos hipnotizan. Y naturalmente, después de malgastar un tercio de tu vida de esa manera, te acostumbras. Entonces empiezas a hacer preguntas profundas del mismo modo que uno pregunta: "¿Cuánto es dos más dos?".

Empiezas a preguntar sobre el amor, la vida, Dios, la meditación... ¡de la misma manera!

De hecho, ni siquiera esa pregunta ordinaria tiene respuesta. Si preguntas a los verdaderos matemáticos, ni siquiera esta simple pregunta "¿Cuánto es dos más dos?" tiene respuesta, porque a veces es cinco y a veces es tres. Muy raramente es cuatro. Es una excepción que dos más dos llegue a ser cuatro, muy excepcional, por la sencilla razón de que dos cosas nunca son iguales. Es una abstracción: sumas dos y dos y dices cuatro.

Dos personas y dos personas son cuatro personas diferentes, tan DIFERENTES que no se puede crear una abstracción a partir de ellas. Incluso dos hojas y otras dos hojas son tan diferentes que no puedes llamarlas simplemente cuatro hojas; no son iguales. Su peso es diferente, su color es diferente, su forma es diferente, su sabor es diferente. No hay dos cosas iguales en el mundo. Entonces, ¿cómo pueden ser cuatro dos más dos? Es sólo una abstracción; es matemática inferior. Las matemáticas superiores saben que esto es sólo utilitario, no es una verdad. Las matemáticas son una invención del hombre; es una mentira factible.

¿Qué decir del amor, que va más allá de toda matemática y de toda lógica? En el amor, uno más uno se convierte en uno, no en dos. En el amor profundo, el doble desaparece. Las matemáticas se superan, se vuelven irrelevantes. En el amor profundo, dos personas dejan de ser dos y se convierten en una. Empiezan a sentir, a funcionar, como una unidad, como una unidad orgánica, como una alegría orgásmica. Las matemáticas no sirven, la lógica no sirve, la química no sirve, la biología no sirve, la fisiología no sirve. El amor es algo que tiene que ser experimentado de una manera totalmente diferente. No se puede enseñar de la forma habitual, no puede formar parte de la pedagogía.

Pero el discípulo, Soshin, era un novato, un recién llegado.

...QUIZÁ ERA NATURAL QUE ESPERARA LECCIONES DE ZEN DE SU MAESTRO, COMO SE ENSEÑA A UN ESCOLAR EN LA ESCUELA.

Es natural en un estado de inconsciencia.

Recuerda que hay dos naturalezas. Una es cuando estás dormido; entonces muchas cosas son naturales. Si alguien te insulta, te enfadas, y eso es NATURAL, pero sólo en la inconsciencia, en el sueño. Si insultas al Buda, él no se enfada; eso es naturaleza superior, un tipo de naturaleza totalmente diferente. Funciona desde un centro totalmente diferente. Puede sentir compasión por ti, pero no ira. Él funciona a través de la consciencia, tú funcionas a través de la inconsciencia.

En el sueño no puedes hacer nada de valor, no puedes hacer nada valioso.

Todo lo que haces es un sueño. Imaginas, crees que estás haciendo el bien.

El otro día alguien preguntó: "Quiero hacer el bien, quiero SER bueno: Maestro, ayúdame".

No puedo ayudarte directamente a hacer el bien o a ser bueno; sólo puedo ayudarte indirectamente. Sólo puedo ayudarte a ser más meditativo. Y a primera vista puede parecer que tu pregunta se refiere a otra cosa y mi respuesta es totalmente distinta: tú quieres ser bueno y yo hablo de meditación. ¿Cómo se relacionan? Si estás dormido puedes PENSAR que estás haciendo el bien, puedes hacer el mal. Puedes PENSAR que estás haciendo daño, puedes hacer el bien. En el sueño todo es posible.

Te convertirás en un bienhechor, y los bienhechores son las personas más traviesas. Hemos sufrido mucho a causa de estos bienhechores. No saben quiénes son, no conocen ningún estado silencioso de conciencia, no son conscientes, pero siguen haciendo el bien.

¿Qué decir del bien? Una persona somnolienta ni siquiera puede estar segura de hacer daño. Puede pensar que está haciendo daño y el resultado puede ser totalmente diferente.

Así se descubrió la acupuntura. Un hombre quería matar a alguien; le disparó con una flecha. Y ese hombre, la víctima, había sufrido toda su vida de dolor de cabeza.

La flecha le dio en la pierna y el dolor de cabeza desapareció, desapareció totalmente. Se quedó perplejo.

Acudió a su médico diciéndole: "Usted no ha podido tratarme y me ha tratado mi enemigo. Quería matarme, pero algo salió mal: mi dolor de cabeza ha desaparecido. Le estoy agradecido".

Entonces los médicos empezaron a pensar en ello, en cómo había sucedido. Eso es lo que los acupuntores siguen haciendo ahora.

Puedes ir a Abhiyana. Puede que te duela la cabeza y él empiece a ponerte agujas por todo el cuerpo. Esos puntos de aguja se descubrieron gracias a este accidente. Han pasado cinco mil años; en estos cinco mil años la acupuntura se ha desarrollado enormemente. Ahora tiene mucho apoyo científico.

En la Rusia soviética están trabajando muy seriamente en la acupuntura porque tiene un gran potencial: puede curar casi todas las enfermedades. Esas agujas pueden cambiar las corrientes de la electricidad de tu cuerpo.

Aquel hombre debía de sufrir un exceso de electricidad en la cabeza. La flecha alcanzó cierto meridiano, cierta corriente eléctrica en su pierna, y la electricidad cambió su curso; ya no iba a la cabeza. De ahí que desapareciera el dolor de cabeza.

Ahora bien, el hombre que quería hacer daño hizo un gran acto beneficioso para toda la humanidad—no sólo para ese hombre—porque en estos cinco mil años, millones de personas han sido ayudadas por la acupuntura. Todo el mérito es de esa persona desconocida que quería matar.

En tu inconsciencia es difícil decidir cuál será el desenlace. Te mueves en una noche oscura. Todo es accidental.

Sindenburg había llevado una vida virtuosa; incluso fue presidente de la sinagoga. Pero cuando entró en el cielo, el ángel encargado le dijo: "No puedes quedarte aquí".

"¿Por qué?", preguntó Sindenburg. "Siempre intenté ser un buen hombre".

"Eso es", explicó el ángel. "Todos aquí eran buenos hombres, pero todos cometieron al menos un pecado. Como tú no pecaste en absoluto, el resto de las almas estarán resentidas contigo".

"Pero", protestó Sindenburg, "¿no hay algo que yo pueda hacer?".

"Bueno", consideró el ángel, "puedes tener seis horas más en la tierra para cometer un pecado, pero debes hacerle a alguien un daño real".

Sindenburg volvió a tierra y, de repente, vio a una mujer de mediana edad que le miraba. Empezaron a hablar y ella le invitó a su casa. Pronto estaban haciendo el amor como dos adolescentes.

Seis horas después, Sindenburg dijo: "Lo siento, pero tengo que irme".

"¡Escucha!", gritó la mujer. "Nunca me casé ni tuve un hombre. Me has hecho pasar el mejor rato de toda mi vida. Qué buena obra has hecho hoy".

Ahora ha venido a hacer un daño real y lo que realmente ha hecho es una buena obra. La mujer está inmensamente feliz y agradecida. Y esas seis horas han pasado; ahora ya no queda tiempo. Otra vez tendrá problemas.

En el sueño no se puede hacer el bien... ¡ni siquiera se puede hacer el mal! Todo es accidental. Y cuando una persona viene a un Maestro viene casi profundamente dormido. Viene por curiosidad, accidentalmente. Espera mucho, y sus expectativas son naturales en su estado.

Esperaba LECCIONES DE ZEN....

Eso sí que es una tontería: en el Zen no hay enseñanzas. El Zen, en primer lugar, no es una enseñanza, sino un dispositivo para despertarte. No es información, no es conocimiento. Es un método para sacudirte, para despertarte. Enseñanza significa que estás profundamente dormido y alguien sigue hablando de lo que es el despertar, y tú sigues roncando y él sigue hablando. TÚ estás dormido, ÉL está dormido; si no, no te hablaría. Al menos cuando vea que roncas no te hablará.

Cuando estudiaba en la universidad tuve un gran profesor, un filósofo muy conocido.

Durante tres años nadie se había apuntado a su clase: él era el jefe del departamento. Y la gente tenía miedo de asistir a sus clases porque no paraba de hablar. A veces hablaba dos horas, tres horas, cuatro horas... .... Y su condición era la siguiente: decía a todos los alumnos: "Si queréis participar en MIS clases, si queréis cursar MI asignatura, debéis recordar esto: que puedo EMPEZAR mi clase cuando empiece el periodo, pero no puedo parar cuando termine el periodo. A no ser que haya terminado totalmente con la asignatura... ¿y cómo puede hacerse en cuarenta minutos? A veces se tardan dos horas, a veces sólo media. Así que cuando se acaba, se acaba".

También me dijo lo mismo. Quise apuntarme a su clase, me intrigaba el viejo. Me dijo: "¡Escucha! No me culpes después. A veces hablo durante cuatro horas; cinco horas también he hablado".

Le dije: "No te preocupes por eso. Puedo hablar más que tú". Y le dije: "Recuerda que cuando empiezo a hablar me olvido de quién es el profesor y quién el alumno.

No me importa. Así que también ten en cuenta que si empiezo a hablar no puedes detenerme.

"Y segundo: la hora de tus periodos es tal que esas son las horas en las que duermo.

De doce a dos debo dormir; eso lo he hecho toda mi vida. Puedo dormir más -he dormido de once a cinco, todo el día-, pero esto es absolutamente necesario, no puedo faltar. Así que dormiré... puedes seguir hablando".

Me dijo: "¿Cómo puedes dormir cuando estoy hablando?".

Le dije: "¡Uso tapones para los oídos! Tú sigue hablando. No me preocupa en absoluto lo que digas, eso es cosa tuya. Disfrútala como quieras, yo estaré durmiendo. Y no puedes oponerte a eso".

Él aceptó mi condición, yo acepté la suya. Y así nos hicimos grandes amigos: él hablaba y yo dormía.

Esta persona debía de estar profundamente dormida, porque si no... ¡yo era el único alumno de su clase! ¿Con quién estaba hablando? Se estaba desahogando. Y estaba muy contento de encontrar a un alumno que al menos permanecía en la clase, aunque dormido, pero al menos estaba allí.

Esto es lo que ocurre en todo el mundo. Los sacerdotes están dormidos hablando con sus congregaciones.

Los profesores están dormidos hablando con sus alumnos, metafísicamente dormidos; no hablo del sueño ordinario. Metafísicamente todo el mundo está roncando.

El Zen no es una enseñanza, porque sabe que estás dormido. Lo principal no es enseñarte; lo principal es despertarte. El Zen es una alarma.

Pero Soshin esperaba, naturalmente, algunas lecciones de zen de su maestro DE LA MANERA EN QUE SE ENSEÑA A UN ESCOLAR EN LA ESCUELA.

Recuerda, si el Zen no es una enseñanza, entonces tampoco puedes llamar maestro al Maestro Zen.

No es un profesor, es un Maestro. Y hay una gran diferencia entre un profesor y un Maestro. Pero cuando entras en contacto con un Maestro por primera vez, piensas en él como un maestro, tal vez un gran maestro, pero sigues pensando que es un maestro. Y la razón está en que esperas que enseñe algo: que enseñe una gran filosofía, que enseñe grandes verdades.

No, un verdadero Maestro no es un profesor: un verdadero Maestro es un despertador. Su función es totalmente diferente a la de un maestro; su función es mucho más difícil. Y sólo muy pocas personas pueden permanecer con un Maestro, porque despertar después de millones de vidas no es una hazaña ordinaria; es un milagro. Y permitir que alguien te despierte requiere una gran confianza, una gran entrega.

Así que en el Zen, primero, las personas son aceptadas sólo como novatos, como principiantes. Sólo cuando el Maestro ve alguna cualidad en ellos que puede ser despertada, cuando ve algo muy potencial, entonces son aceptados e iniciados en cosas más elevadas. De lo contrario, permanecen como novicios durante años, haciendo pequeñas cosas: limpiando el suelo, cocinando la comida, cortando leña, acarreando agua del pozo. Y el Maestro sigue observando y sigue ayudándoles a estar un poco más alerta mientras cortan leña, mientras acarrean agua del pozo, mientras limpian el suelo.

Verás aquí, en esta comuna, al menos mil sannyasins haciendo diferentes tipos de cosas. Cuando los indios vienen aquí por primera vez se quedan perplejos, porque su idea de un ashram, de una comuna religiosa, es totalmente diferente. La gente debe estar sentada rezando, haciendo BHAJAN. No pueden concebir que la gente trabaje, cocine, teja, haga cerámica, pinte, fotografíe, cree música, poesía o baile.

No pueden creer lo que ven cuando ven la comuna por primera vez. Vienen con ciertas expectativas. Y quieren que parezcas serio, religioso, santo. ¡Y tú pareces tan alegre! Pareces tan cariñoso, tan cálido. Esperan que seas completamente frío... tan frío como los cadáveres. Y tú eres tan cálido, tan cariñoso y tan vivo que ellos se sorprenden por primera vez.

El Zen no cree que la gente deba limitarse a vivir una vida santa, una vida virtuosa, sin hacer nada, simplemente girando cuentas o repitiendo algún mantra. El Zen cree en la creatividad. El Zen cree en el mundo ordinario. Quiere transformar lo mundano en sagrado.

Así que el primer mensaje que se da a los principiantes es que empiecen a trabajar pero que estén alerta. Y es más fácil estar alerta mientras trabajas que mientras simplemente cantas un mantra, porque cuando estás cantando un mantra toda posibilidad es que el mantra funcione como un tranquilizante. Cuando repites una palabra una y otra vez crea sueño porque crea aburrimiento. Cuando repites una palabra una y otra vez cambia tu química interior. Es una de las formas más antiguas de conciliar el sueño.

Si no puedes conciliar el sueño por la noche, si sufres de insomnio, entonces métodos como la Meditación Trascendental de Maharishi Mahesh Yogi son perfectamente buenos. Ese método no tiene nada que ver con la meditación; no es ni meditación ni trascendental. Es simplemente un tranquilizante no medicinal. Es bueno en la medida en que puede traer sueño y sin ninguna droga—lo aprecio—pero no tiene nada que ver con la meditación.

Puedes repetir tu propio nombre una y otra vez y no necesitas pagar honorarios a nadie y no necesitas ninguna iniciación. Sólo repite tu propio nombre; repítelo rápido para que nada más entre en tu mente, sólo tu nombre resuena. Repítelo en voz alta en tu interior de modo que desde los dedos de los pies hasta la cabeza esté resonando en tu interior. Pronto te aburrirás, te hartarás. Y ese es el momento en que empiezas a quedarte dormido porque parece que no hay otra salida.

Todas las madres lo conocen. Es uno de los métodos más antiguos que las mujeres han utilizado con sus hijos, sobre sus hijos. No lo llamaban Meditación Trascendental; solían llamarlo "canción de cuna". El niño da vueltas y vueltas, pero la madre sigue repitiendo la misma línea una y otra vez. Y no encontrando otra salida fuera, el niño se escapa dentro; eso significa que se queda dormido. Dice: "Estoy tan harto que, si no me duermo, esta mujer no va a parar". Y pronto aprende: en el momento en que se duerme la mujer se detiene, así que se convierte en un condicionamiento; luego se convierte en un reflejo condicionado. Poco a poco, la mujer sólo repite la frase una o dos veces y el niño se queda profundamente dormido.

Esto te lo puedes hacer a ti mismo. Es un proceso de autohipnosis; bueno en lo que se refiere al sueño, pero no tiene nada que ver con la meditación. De hecho, es justo lo contrario de la meditación, porque la meditación trae conciencia y este método trae sueño. De ahí que lo aprecie como técnica para dormir, pero estoy totalmente en contra de que se enseñe a la gente como método de meditación.

Soshin esperaba LECCIONES DE ZEN DE SU MAESTRO DEL MISMO MODO EN QUE SE ENSEÑA A UN ESCOLAR EN LA ESCUELA.

Esta es tu historia. Esta es la historia de todos. Cada buscador viene con tales expectativas.

A veces se me acercan tontos y me preguntan: "¿En qué consiste su enseñanza en pocas palabras?".

¿Cuál de sus libros contiene su enseñanza total?"

¡No tengo enseñanza! Por eso son posibles tantos libros. Si no, ¿cómo es posible que haya tantos libros? Si tienes una cierta enseñanza, entonces uno o dos libros serán suficientes. Por eso puedo seguir hablando eternamente, porque no tengo ninguna enseñanza. Toda enseñanza se agotará tarde o temprano; yo no puedo agotarme. No hay principio ni fin... siempre estamos en el medio. Yo no soy profesor.

Todo el mundo crece físicamente, pero psicológicamente sigue siendo un niño. Su edad psicológica nunca supera los trece años, incluso menos. Fue un shock cuando se descubrió por primera vez en la Primera Guerra Mundial que la edad psicológica media del hombre es de sólo doce o trece años como máximo. Eso significa que puedes tener setenta años pero tu mente sólo tiene trece. Así que si alguien mira tu cuerpo, pareces tan viejo, tan experimentado, pero si alguien mira tu mente, sigues teniendo la misma mente infantil.

Tu Dios no es más que un padre proyectado; es una fijación paterna. No puedes vivir sin la idea de un padre. Tal vez tu padre real esté muerto y no puedas concebirte sin un padre. Necesitas un padre imaginario en el cielo que se ocupe de ti, que te cuide. Y, ciertamente, el padre ordinario está destinado a morir un día u otro, así que necesitas un padre celestial que sea eterno, que nunca morirá, para que se convierta en tu seguridad y protección.

Una vez alguien le preguntó a George Gurdjieff: "¿Por qué todas las religiones enseñan: Respeta a tus padres?"

Gurdjieff dijo: "Por una sencilla razón: si respetas a tus padres respetarás a Dios, porque Dios no es más que el padre supremo. Si no respetas a tus padres tampoco molestarás a Dios. "

Una gran intuición: Dios es el gran padre; vosotros no sois más que niños pequeños en busca de un padre perdido, en busca de una infancia perdida, en busca de la seguridad de la infancia. Vuestro comportamiento es infantil.

Un joven padre estaba de compras en unos grandes almacenes con su hija cuando la pequeña dijo de repente: "Papá, tengo que irme".

"Ahora mismo no", respondió el padre.

"¡Tengo que irme YA!", gritó la chica.

Para evitar una crisis, una vendedora se acercó y dijo: "Está bien, señor, me la llevo".

La vendedora y la niña se marcharon apresuradamente, cogidas de la mano. A su regreso, Tony miró a su hija y le dijo: "¿Le has dado las gracias a la amable señora por ser tan amable?".

"¿Por qué iba a darle las gracias?", replicó la niña. "¡Ella también tenía que irse!"

Observa tus reacciones y te sorprenderás: son infantiles. Tus modales, por muy sofisticados que sean desde fuera, en el fondo son infantiles. Tus oraciones, tu asistencia a la iglesia, TODO es infantil.

Al Zen no le preocupa tu estado mental infantil. No desea alimentarla más. Su preocupación es la madurez; quiere que madures, quiere que madures. Por eso no tiene idea de Dios, ni de un padre en el cielo. Te deja totalmente solo porque sólo en soledad es posible la madurez. Te deja totalmente en la inseguridad. No te da ninguna seguridad, ninguna garantía. Te da todo tipo de inseguridades en las que moverte.

Y eso es también sannyas: un salto cuántico hacia la inseguridad, un salto cuántico hacia lo desconocido, porque sólo con ese encuentro llegarás a la madurez. Y la madurez es libertad, la madurez es liberación.

PERO DOGO NO LE DIO NINGUNA LECCIÓN ESPECIAL SOBRE EL TEMA....

No hay ninguna.

...Y ESTE SOSHIN DESCONCERTADO Y DECEPCIONADO.

Naturalmente. Esperaba y esperaba y esperaba, y no se le dio ninguna lección especial. Quería unos cuantos principios sencillos para poder aferrarse a ellos, para poder aferrarse a ellos, para que se convirtieran en su tesoro, en su conocimiento. Y el Maestro no le había dado ninguna lección especial. Naturalmente, se sintió decepcionado. Si esperas algo, estás abocado a la decepción. Las expectativas siempre traen decepción, frustración.

UN DIA LE DIJO AL MAESTRO: "HACE TIEMPO QUE VINE AQUI, PERO NO SE ME HA DADO NI UNA PALABRA SOBRE LA ESENCIA DE LA ENSENANZA ZEN. "

La gente tiene prisa. He llegado a conocer a personas que han meditado tres días, y al cuarto día preguntan: "Tres días llevamos meditando, ¿por qué no ha pasado nada todavía?".

Como si estuvieran obligando a la existencia meditando durante tanto tiempo—tres días, una hora cada día; eso significa tres horas. Y si te fijas, en su meditación sólo estaban soñando despiertos; con los ojos cerrados estaban soñando despiertos. Lo llaman meditación. Y sólo porque durante tres días han estado sentados durante una hora -con gran dificultad, arreglándoselas de alguna manera, con gran ruido interior, sin silencio, sin paz, sin consciencia, sólo deseos, pensamientos, recuerdos, imaginación, tráfico constante, una multitud-, entonces llegan al cuarto día diciendo: "Maestro, ¿qué está pasando? Han pasado tres días y todavía no ha pasado nada".

El tiempo no debe tenerse en cuenta en absoluto: tres años, ni siquiera tres vidas. No debes pensar en términos de tiempo, porque el fenómeno de la meditación no es temporal. Puede ocurrir en cualquier momento, puede ocurrir JUSTO ahora; puede llevar años, puede llevar vidas. Todo depende de tu intensidad, de tu sinceridad, y todo depende de tu totalidad.

Una guapa joven subió a un tranvía atestado de gente y, al ver que todos los asientos estaban ocupados, preguntó: "¿Podría alguno de ustedes, caballeros, hacer sitio a una mujer embarazada?".

Un hombre de mediana edad se levantó rápidamente y le cedió su asiento. Una vez sentada, le preguntó solícito: "¿Cuánto tiempo lleva embarazada?".

"Unos quince minutos, ¡y Dios, qué cansada estoy!".

¡Quince minutos de embarazo! Incluso eso está bien, pero tres días de meditación es aún más estúpido.

SOSHIN DIJO UN DÍA AL MAESTRO....

Debe haber algo de rabia, frustración, decepción. ¿Ha elegido a la persona equivocada? Aún no se le ha dado ninguna enseñanza especial... y el ego siempre quiere algo especial.

"HACE TIEMPO QUE VINE AQUÍ", DIJO, "PERO NO SE ME HA DICHO NI UNA PALABRA SOBRE LA ESENCIA DE LA ENSEÑANZA ZEN".

En primer lugar, no existe una enseñanza Zen como tal. El Zen es un método de despertar, no una teología. No habla de Dios: te obliga a entrar en Dios. Te golpea de muchas maneras para que despiertes en Dios. Estar dormido es estar en el mundo: estar despierto es estar en Dios. Los métodos están ahí, los dispositivos están ahí, pero no hay enseñanza en absoluto.

En un pueblecito de Nuevo México, una joven y guapa turista oyó por casualidad a un viril navajo decir "¡Chance!" a todas las mujeres que pasaban.

Finalmente, su curiosidad pudo más y se acercó a él y le dijo "Hola", a lo que él respondió "¡Chance! "

"Creía que todos los indios decían '¡Cómo! "

"Sé cómo... ¡sólo quiero una oportunidad!", respondió.

Todas las enseñanzas se ocupan de cómo hacerlo, por qué hacerlo, con qué propósito, con qué objetivo. El Zen simplemente te da una oportunidad, un contexto, un espacio en el que puedes despertar. Y ése es exactamente mi trabajo aquí: crear una oportunidad, un espacio, un contexto, en el que estés destinado a despertar, en el que no puedas seguir durmiendo para siempre.

DOGO RESPONDIÓ: "DESDE TU LLEGADA TE HE ESTADO DANDO LECCIONES SOBRE LA DISCIPLINA ZEN".

"¿QUÉ CLASE DE LECCIÓN PODRÍA HABER SIDO?"

Ahora Soshin está aún más perplejo y desconcertado porque el Maestro dice:

"DESDE TU LLEGADA TE HE ESTADO DANDO LECCIONES EN MATERIA DE DISCIPLINA ZEN".

Extraños son los caminos de los verdaderos Maestros. Indirectos son sus caminos, sutiles son sus caminos.

Recuerda, no dice "sobre la enseñanza Zen"; dice "sobre la disciplina Zen—sobre el asunto de la disciplina Zen".

"¿QUÉ CLASE DE LECCIÓN PODRÍA HABER SIDO?"

"CUANDO ME TRAES UNA TAZA DE TÉ POR LA MAÑANA, LA TOMO; CUANDO ME SIRVES UNA COMIDA, LA ACEPTO; CUANDO ME HACES UNA REVERENCIA, TE LA DEVUELVO CON UNA INCLINACIÓN DE CABEZA".

El Maestro está diciendo: "¿Me has observado?". Ese es el núcleo esencial del Zen:

mirar, observar, ser consciente. El Maestro está diciendo: "Cuando me traes una taza de té por la mañana, ¿me has observado, cómo la tomo, con qué gratitud? ¿Me has observado, cómo lo acepto con gran conciencia? No es sólo té".

Nada es ordinario a los ojos del Zen; todo es extraordinario porque todo es divino. Los Maestros Zen han transformado cosas ordinarias como beber té en ceremonias religiosas.

La ceremonia del té es una gran meditación; lleva horas. En cada monasterio Zen hay un lugar separado para la ceremonia del té, un templo... ¡un templo para el té! Y cuando la gente es invitada por el Maestro, acude al templo en absoluto silencio. El templo está rodeado de rocas o de un jardín de rocas.

Sanantano acaba de hacer un pequeño jardín de rocas alrededor de mi habitación, con una pequeña cascada. Ha colocado las rocas de una forma tan bella que parece tener la intuición, parece tener una comunión con las rocas. Las rocas han cobrado vida y no parecen estar colocadas de cualquier manera, al azar; parecen estar en una profunda armonía.

Ahora, Sanantano va a crear muchos jardines rocosos en la nueva comuna para que puedas sentarte junto a esas rocas... y pequeñas cabañas de bambú para la ceremonia del té.

Y cuando una persona va—cuando el Maestro invita a alguien a tomar el té—toma un baño, medita, se refresca. Se prepara porque no es una ocasión ordinaria:

una invitación del Maestro. Luego recorre el camino pedregoso con plena conciencia, lentamente.

Cuanto más se acerca al templo, más alerta está. Está atento al canto de los pájaros. Se pone alerta a las flores, sus colores, su fragancia. Y a medida que se acerca al salón de té, empieza a oír el ruido del samovar. Entra. Tiene que dejar los zapatos fuera. Entra muy silenciosamente, se inclina ante el Maestro, se sienta tranquilamente en un rincón escuchando el samovar, el zumbido del samovar... y la sutil fragancia del té que llena la habitación. Es un momento de oración.

Luego se dan tazas y platillos. El Maestro mismo da esas tazas y platillos... la forma en que da. Sirve el té... como lo sirve. Entonces todos sorben el té en silencio. Hay que sorberlo con una conciencia tremenda; entonces se convierte en una meditación.

Y si beber té puede convertirse en meditación, entonces cualquier cosa puede convertirse en meditación: cocinar o lavar la ropa, cualquier actividad puede transformarse en meditación. Y el verdadero sannyasin, el verdadero buscador, transformará todos sus actos en meditación. Sólo entonces, cuando la meditación se extienda por toda tu vida, no sólo cuando estés despierto durante el día -poco a poco empieza a penetrar e impregnar tu ser también durante el sueño-, cuando se convierta en parte de ti, como la respiración, como el latido de tu corazón, entonces, sólo entonces, habrás alcanzado la disciplina, la disciplina esencial del Zen.

El Maestro dijo:

"CUANDO ME TRAES UNA TAZA DE TÉ POR LA MAÑANA...

"¿Has observado o no? ¿Estás dormido o despierto? ¿No ves cómo me lo tomo?

Cuando me sirves una comida... ¿no ves cómo la acepto, con gran gratitud, como si me hubieras traído un tesoro?

"...CUANDO ME HACES UNA REVERENCIA, TE LA DEVUELVO CON UNA INCLINACIÓN DE CABEZA.

"¿He fallado alguna vez? ¿Te has dado cuenta alguna vez de que no he respondido inmediatamente? Si has estado observando, entonces éste es el verdadero asunto de la disciplina Zen. Haz lo mismo, ¡haz lo mismo!

"¿DE QUÉ OTRA FORMA ESPERAS SER ENSEÑADO EN LA DISCIPLINA DEL ZEN?"

Pero tú no miras, no ves. Sigues apresurándote, haciendo las cosas de alguna manera, mecánicamente. Y sigues cayendo en trampas, las MISMAS trampas una y otra vez.

Un negro entra en un bar de blancos con tres amigos, se acerca al camarero y le apuesta 25 dólares a que puede lamerse su propio ojo.

El camarero piensa: "Maldito negro estúpido, nadie puede lamerse su propio ojo", así que le apuesta los 25 dólares. El negro se saca el ojo de cristal y se lo lame y luego le apuesta al tabernero otros 25 dólares a que puede morderse el otro ojo.

El camarero piensa: "¡Vaya, este negro es tonto! Nadie podría entrar aquí con dos ojos de cristal", y acepta la apuesta. El negro se saca la dentadura postiza y muerde el otro ojo y el camarero se pone rojo de ira: "¡Negro listillo!".

Entonces el negro dice, "Te apuesto otros $25...."

"Un momento", dice el camarero. "No puede ser. ¿Crees que soy estúpido?"

"Oh, vamos", dice el negro. Te apuesto el doble o nada a que puedo mear en ese vaso de chupito que hay en la mesa del otro lado de la habitación".

El camarero se detiene, reflexiona un rato y dice: "Vale, ¡ni siquiera un maldito negro estúpido podría hacer eso! Acepto. Te apuesto el doble o nada".

El negro procede a mear por toda la barra, el suelo, por todas partes. El camarero empieza a reírse a carcajadas y, mientras lo limpia, le dice: "¡Chico, negro, eres muy tonto si crees que puedes mear tan lejos!".

Y el negro responde: "No soy tan tonto... ¿ves a esos tres tipos de ahí? Les apuesto 300 dólares a que podría mear por todo el bar y lo limpiaríais de risa".

El hombre sigue haciendo lo mismo; tal vez una situación ligeramente diferente, pero nada muy diferente. Si estás dormido, si estás inconsciente, no puedes mirar, no puedes observar que de nuevo otro escollo... que de nuevo estás cayendo en otro error, en otra equivocación, que de nuevo estás tropezando. Tal vez sea un poco diferente, porque en la vida nunca nada es igual, pero miles de veces caes y aun así no aprendes la única cosa que vale la pena aprender. Aprendes todo tipo de cosas en la vida excepto la única cosa que puede transformarte, y es el arte de la consciencia.

SOSHIN AGACHÓ LA CABEZA DURANTE UN RATO, REFLEXIONANDO SOBRE LAS DESCONCERTANTES PALABRAS DEL MAESTRO.

EL MAESTRO DIJO: "SI QUIERES VER, VE ENSEGUIDA. CUANDO EMPIEZAS A PENSAR, PIERDES EL PUNTO".

Son palabras tremendamente significativas:

"SI QUIERES VER, VE ENSEGUIDA. CUANDO EMPIEZAS A PENSAR, PIERDES EL PUNTO".

PORQUE PENSAR ES SÓLO UNA MANERA DE PERDER EL PUNTO. Cuando oigas la verdad, VELA inmediatamente. No digas: "Lo pensaré". No tomes notas diciendo: "En casa lo meditaré". No estás entendiendo nada. La verdad tiene una inmediatez, y tú la estás posponiendo pensando. ¿Y qué puedes pensar sobre la verdad? Y todo lo que pienses será erróneo. La verdad es verdad y la falsedad es falsedad. No puedes convertir una falsedad en verdad pensando durante años, y no puedes convertir una verdad en falsedad pensando durante años. No se puede hacer nada al respecto; tu pensamiento es absolutamente irrelevante.

Véalo. Ver es relevante; pensar no lo es.

Por eso en Oriente no tenemos ninguna palabra para traducir la palabra inglesa "philosophy". Tenemos una palabra, DARSHAN, que ordinariamente se usa como traducción de filosofía, pero no es correcto hacer eso. DARSHAN significa ver, y filosofía significa pensar—y hay una diferencia tan tremenda, tan vasta, entre las dos. ¿Qué mayor diferencia puede haber entre dos cosas: ver y pensar?

DARSHAN significa simplemente ver. NO es pensar, es conciencia. Silenciosamente alerta te sientas al lado del Maestro. Él dice algo, o MUESTRA algo, y tú lo ves. Si estás en silencio y atento, estás obligado a verlo, no puedes perdértelo. Si agachas la cabeza y te pones a pensar, te has olvidado del Maestro; estás perdido en tus propias palabras. Estás traduciendo al Maestro a tus propias palabras, y no puedes traducir esas alturas, esas profundidades. Y lo que traduzcas será algo completamente diferente de lo que el Maestro ha dicho.

Tres franceses, mientras practicaban su inglés, se pusieron a hablar de la mujer de un amigo que no tenía hijos.

"Es insoportable", dijo uno.

"No, esa es la palabra equivocada. Ella es inconcebible".

"No, no, los dos estáis equivocados", dijo el tercero. "Lo que queréis decir es que es inexpugnable".

Ahora, puedes seguir pensando....Cuando el Maestro habla, lo hace desde las alturas de la consciencia—y tú escuchas en la oscuridad de tu valle. No traduzcas ni intentes descifrar lo que está diciendo. Sólo escucha.

Justo el otro día alguien preguntó: "Escucharte sin rechistar, aceptarlo, ¿no es una forma de ser condicionado por ti?".

Escuchar en silencio no significa estar de acuerdo conmigo. No se trata de estar de acuerdo o en desacuerdo. Escuchar en silencio no significa que me aceptes o me rechaces. Si estás aceptando no estás en silencio; la actividad está ahí, la actividad de aceptar. Si estás de acuerdo conmigo significa que ya me estás traduciendo. Si me rechazas, es actividad negativa; si me aceptas, es actividad positiva. Y estar en silencio simplemente significa no tener ninguna actividad. Simplemente estás aquí... sólo estás aquí, sólo disponible, no es cuestión de estar de acuerdo o en desacuerdo.

Y la belleza de la verdad es que en el momento en que escuchas la verdad algo dentro de ti responde, dice sí. No es un acuerdo de la mente, recuerda; viene de tu totalidad. Cada fibra de tu ser, cada célula de tu cuerpo, asiente con tremenda alegría: "¡Sí!". No es que digas sí... no se dice, no se verbaliza en absoluto. Está ahí silenciosamente.

Y cuando oyes alguna falsedad, del mismo modo hay un "no"; todo tu ser dice "no". Eso tampoco es mental.

Se trata de un enfoque totalmente diferente. Occidente aún no ha sido capaz de evolucionarlo; Oriente sí. Durante siglos hemos estado trabajando en este método sutil, puliéndolo, puliéndolo. Se ha convertido en un espejo.

Oriente sabe sentarse en silencio, sin estar de acuerdo ni en desacuerdo, porque hemos descubierto algo fundamental: que la verdad ya está dentro de ti. Si escuchas la verdad desde fuera, tu verdad se despertará, se provocará. De repente dirás "¡Sí!"—como si ya lo supieras. Es un reconocimiento, es un recuerdo.

Simplemente, el Maestro te está recordando lo que has olvidado. No es una cuestión de acuerdo o desacuerdo, no, en absoluto.

No estoy interesado en crear creencias en ti y no estoy interesado en darte ningún tipo de ideología. Todo mi esfuerzo aquí es -como siempre ha sido el de todos los Budas desde el principio de los tiempos- provocar la verdad en ti. Sé que ya está ahí; sólo necesita una sincronicidad. Sólo necesita algo que desencadene el proceso de reconocimiento en ti.

El Maestro no habla para darte la verdad, sino para ayudarte a reconocer la verdad que ya está dentro de ti. El Maestro es sólo un espejo. Ves tu propio rostro original en profundo silencio, sentado a su lado.

EL MAESTRO DIJO: "SI QUIERES VER, VE ENSEGUIDA. CUANDO EMPIEZAS A PENSAR, PIERDES EL PUNTO".

¡Ah, esto!

A mi manera

La primera pregunta

MAESTRO,

CUANDO TRABAJO EN EL OESTE ME SIENTO COMO UN GUERRERO NARANJA, Y ME GUSTA. CUANDO ESTOY AQUÍ ME SIENTO MEDITATIVO, Y ME GUSTA. ¿LA PARTE DE MÍ QUE AÚN NECESITA LUCHAR ES UN OBSTÁCULO PARA CONVERTIRME EN UN BUEN DISCÍPULO?

Deva Majid,

UN SANNYASIN TIENE QUE SER LÍQUIDO, FLUIDO. No debe ser pétreo, fijo.

Tiene que ser como el agua que fluye para poder adoptar cualquier forma. Cualquiera que sea la necesidad del momento él responde en consecuencia—no de acuerdo a ningún patrón fijo, no de acuerdo a ninguna idea A PRIORI de cómo debe ser un sannyasin. No hay nada de eso en MI visión de sannyas.

Nunca me preguntes cómo debe ser un sannyasin, porque eso se convertirá en un patrón y actuarás según ese patrón. Y cualquier acción fuera de un patrón de vida es errónea. Uno tiene que estar suelto, relajado, para poder responder a la situación. Y las situaciones cambian constantemente. En Occidente es diferente; aquí es diferente.

Así que cuando sea necesario ser un guerrero, sé un guerrero; y cuando sea necesario ser meditativo, sé meditativo. Cuando sea necesario ser un extrovertido, sé un extrovertido; y cuando sea necesario ser un introvertido, sé un introvertido. Esta fluidez es sannyas.

Si te obsesionas, ya no estás vivo, te has obsesionado. Entonces eres un extrovertido o un introvertido, mundano o de otro mundo, pero ya no eres mi sannyasin.

Mi sannyasin es indescriptible, tan indescriptible como Dios mismo, como la vida misma, como el amor mismo... tan inexpresable como la existencia misma. Un sannyasin está en total armonía con la existencia, así que cualquiera que sea la necesidad del momento, el sannyasin va con el momento, fluye con el río. No va contra la corriente; no tiene ninguna idea de cómo deberían ser las cosas. No tiene "debería"; no tiene mandamientos en su mente que cumplir, que seguir.

Esta es la verdadera disciplina: disciplina que trae libertad, disciplina que libera.

La segunda pregunta

MAESTRO,

NO PUEDO ABANDONAR EL HÁBITO DE FUMAR EN CADENA. LO HE INTENTADO CON TODAS MIS FUERZAS, PERO SIEMPRE HE FRACASADO. ¿ES PECADO FUMAR?

Gurucharan,

¡NO HAGAS UNA MONTAÑA DE UN GRANO DE ARENA! Los religiosos son muy hábiles en eso. ¿Qué haces realmente cuando fumas? Sólo metes un poco de humo en tus pulmones y lo dejas salir. Es una especie de PRANAYAMA, asqueroso, sucio, pero PRANAYAMA al fin y al cabo. Estás haciendo yoga, de una manera estúpida. No es pecado. Puede ser una tontería, pero no es un pecado, ciertamente.

Sólo hay un pecado y es la inconsciencia, y sólo hay una virtud y es la consciencia.

Haz lo que estés haciendo, pero permanece testigo de ello, e inmediatamente la calidad de tu hacer se transformará. No te diré que no fumes; eso ya lo has intentado. Muchos de los llamados santos te habrán dicho que no fumes: "Porque si fumas caerás en el infierno".

Dios no es tan estúpido como vuestros santos. Arrojar a alguien al infierno sólo porque fumaba cigarrillos será absolutamente innecesario.

Una mañana, Weintraub fue a un restaurante y pidió beicon con sus huevos. Era un judío ortodoxo y su esposa mantenía un hogar estrictamente kosher, pero Weintraub sintió la necesidad por esta vez.

Cuando Weintraub se disponía a salir del restaurante, se detuvo en la puerta helado de terror.

El cielo se llenó de nubes negras, hubo relámpagos y el suelo tembló con el retumbar de los truenos.

"¿Te imaginas?", exclamó. "¡Todo ese alboroto por un pedacito de tocino!"

Pero eso es lo que tus supuestos santos te han estado diciendo durante siglos.

Fumar es insalubre, antihigiénico, pero no es un pecado. Se convierte en pecado sólo si lo haces inconscientemente: no es fumar lo que lo convierte en pecado, sino la inconsciencia.

Permíteme enfatizar el hecho. Puedes hacer tu oración todos los días inconscientemente; entonces tu oración es un pecado. Puedes volverte adicto a tu oración. Si faltas a la oración un día, todo el día sentirás que algo va mal, que falta algo, algún vacío. Es lo mismo que fumar o beber; no hay ninguna diferencia. Tu oración se ha convertido en un hábito mecánico; se ha convertido en tu amo. Te domina; tú sólo eres un sirviente, un esclavo de ella. Si no lo haces, te obliga a hacerlo.

Por lo tanto, no se trata de fumar. Usted puede estar haciendo su Meditación Trascendental todos los días regularmente, y puede ser igual. Si la cualidad de inconsciencia está ahí, si la mecánica está ahí, si se ha convertido en una rutina fija, si se ha convertido en un hábito y tú eres una víctima del hábito y no puedes dejarlo de lado, ya no eres dueño de ti mismo, entonces es un pecado. Pero el hecho de que sea un pecado proviene de tu inconsciencia, no del acto en sí.

Ningún acto es virtuoso, ningún acto es pecado. Qué conciencia hay detrás del acto - todo depende de eso.

Tú dices: NO PUEDO ABANDONAR EL HÁBITO DE FUMAR EN CADENA.

Me interesa menos tu hábito de fumar; me interesa más tu hábito. Cualquier hábito que se convierta en una fuerza, una fuerza dominante sobre ti, es un pecado. Hay que vivir más en libertad. Uno debería ser capaz de hacer las cosas no según los hábitos, sino según las situaciones.

La vida cambia continuamente -es un flujo- y los hábitos se estancan. Cuanto más rodeado estés de hábitos, más cerrado estarás a la vida. No estás abierto, no tienes ventanas. No tienes comunicación con la vida; sigues repitiendo tus hábitos.

No encajan, no son la respuesta adecuada a la situación, al momento. Siempre se quedan atrás, siempre se quedan cortos. Ese es el fracaso de tu vida.

Así que recuerda: estoy en contra de todo tipo de hábitos. Bueno o malo no es la cuestión; no hay hábito bueno como tal, no hay hábito malo como tal. Los hábitos son todos malos porque hábito significa que algo inconsciente se ha convertido en un factor dominante en tu vida, se ha convertido en decisivo. Tú ya no eres el factor decisivo. La respuesta no proviene de la conciencia, sino de un patrón, de una estructura que has aprendido en el pasado.

Dos miembros del Hogar de Jubilados Shalom, Blustein y Levin, paseaban por delante de la casa de Nelson Rockefeller.

"Si yo tuviera los millones de ese hombre", suspiró Blustein, "sería más rico que él".

"No seas tonto", dijo Levin. "Si tuvieras sus millones serías tan rico como él, no más".

"Te equivocas", dijo Blustein, "no lo olvides... ¡podría dar clases de hebreo aparte!".

Eso es lo que ha estado haciendo. Aunque se convierta en Nelson Rockefeller, seguirá dando clases de hebreo. Así es como vive la gente, según sus costumbres.

He visto a muchas personas ricas viviendo vidas muy pobres. Antes de ser ricos, sus hábitos se arraigaron, y sus hábitos se arraigaron cuando eran pobres. Por eso hay tanta tacañería en la gente rica; proviene de los hábitos que se arraigaron en ellos cuando eran pobres.

Uno de los hombres más ricos del mundo -se cree que no UNO de los más ricos, sino EL hombre más rico del mundo- fue el Nizam de Hyderabad. Su colección de diamantes era la mayor del mundo porque poseía las minas de diamantes de Golconda, que han proporcionado los mejores diamantes del mundo. El Kohinoor procede de Golconda. Una vez estuvo en posesión del Nizam. Tenía tantos diamantes que se dice que nadie ha sido capaz de calcular exactamente el precio de su colección. Miles y miles de diamantes... ¡no se contaban, se pesaban!

Pero era uno de los hombres más tacaños del mundo. Usó un solo tapón durante treinta años. Apestaba pero no la cambiaba. Siguió usando el mismo abrigo durante casi toda su vida y no lo daba a lavar porque podían destruirlo.

Era tan tacaño -no se lo pueden imaginar- que recogía los cigarrillos a medio fumar de los ceniceros de los invitados y luego se los fumaba. ¡El hombre más rico del mundo fumando colillas fumadas por otros! Lo primero que hacía cuando se iba un huésped era buscar en los ceniceros y recoger las colillas de los cigarrillos.

Cuando murió, encontraron su mayor diamante en sus zapatos sucios. Lo escondía en su zapato. Quizá tenía alguna idea detrás: que tal vez podría llevárselo consigo al otro mundo. Tal vez tenía miedo: "Cuando esté muerto, la gente puede robarlo". Era el diamante más grande; lo usaba como pisapapeles en su mesa. Antes de morir debió de ponerlo dentro de su zapato.

Incluso cuando uno se está muriendo se está moviendo en viejos hábitos, siguiendo viejos patrones.

Lo he oído:

El viejo Mulla Nasruddin se había convertido en un hombre muy rico. Cuando sintió que la muerte se acercaba decidió hacer algunos arreglos para su funeral, así que encargó un hermoso ataúd de madera de ébano con almohadas de satén en su interior. También mandó hacer un hermoso caftán de seda para vestir su cadáver.

El día que el sastre le entregó el caftán, Mulla Nasruddin se lo probó para ver cómo le quedaba, pero de repente exclamó: "¡Qué es esto! ¿Dónde están los bolsillos?".

Gurucharan, fumar o no fumar, eso no es importante. Puede que si sigues fumando mueras un poco antes. ¿Y qué? El mundo está tan superpoblado que harás un bien muriendo un poco antes. Quizá tengas tuberculosis. ¿Y qué?

La tuberculosis es ahora casi como el resfriado común. De hecho, no hay cura para el resfriado común, pero sí para la tuberculosis, y lo sé porque sufro un resfriado común. Tener tuberculosis es ser muy afortunado.

Un hombre sufría un resfriado común desde hacía muchos años. Todos los médicos estaban cansados del hombre porque nadie era capaz de curarle. Entonces llegó un nuevo médico a la ciudad. Todos los médicos le dijeron: "¡Cuidado con este hombre! Te va a perseguir. Es un incordio: su resfriado no tiene cura".

De hecho, no hay cura para el resfriado común. Dicen que si se toma la medicina desaparece en siete días; si no se toma la medicina desaparece en una semana.

Así que el nuevo médico estaba listo y el hombre apareció, como habían predicho los demás. El nuevo médico le dijo: "Yo puedo curarlo. Haz una cosa"—debía de ser invierno, como esta mañana—, le dijo: "Haz una cosa: mañana, temprano, antes de que salga el sol, ve al lago; báñate en el lago desnudo, y luego quédate en la orilla bajo el viento frío."

El hombre dijo: "¿Estás loco o qué? ¿Cómo va a curar eso mi resfriado común?".

El médico le dijo: "¿Quién te ha dicho que te va a curar el resfriado común? Te dará gripe, ¡y eso lo puedo curar yo!".

Así que es posible, Gurucharan, que mueras dos años antes, que contraigas tuberculosis... pero no es un pecado. No te preocupes por ESO.

Si realmente quieres hacer algo con tu vida, dejar de fumar no te va a ayudar, porque conozco gente que deja de fumar y luego empieza a mascar chicle. La misma estupidez de siempre. O si son indios empiezan a mascar pan; es lo mismo. Harás una cosa u otra. Tu inconsciencia te exigirá alguna actividad, alguna ocupación.

Es una ocupación. Y es sólo un síntoma; no es realmente el problema. No es la raíz del problema.

¿No lo has observado? Cada vez que te sientes emocionalmente perturbado inmediatamente empiezas a fumar. Te da una especie de alivio; te ocupas. Tu mente se distrae del problema emocional. Cuando la gente se siente tensa empieza a fumar. El problema es la tensión, el problema es la perturbación emocional - el problema está en otra parte; fumar es sólo una ocupación. Así que te dedicas a inhalar y exhalar el humo y te olvidas por el momento... porque la mente no puede pensar en dos cosas juntas, recuérdalo. Uno de los fundamentos de la mente es: sólo puede pensar en una cosa a la vez; es unidimensional. Así que si estás fumando y pensando en fumar, entonces de todas las demás ansiedades te distraes.

Ese es todo el secreto de los llamados mantras espirituales: no son más que distracciones, como fumar. Repites "Om, Om, Om", o "Ram, Ram, Ram", o "Allah, Allah, Allah", eso no es más que darle a la mente una ocupación. Y todas esas personas que enseñan mantras dicen: "Repítelo lo más rápido posible, de modo que entre dos repeticiones no haya ni siquiera un pequeño espacio. Que se superpongan—así 'Ram Ram Ram'—no dejes un espacio entre dos Rams, de lo contrario algún pensamiento puede entrar. Repite como un loco".

Sí, te dará cierto alivio, el mismo alivio que te da fumar, porque tu mente se distraerá de las ansiedades y del mundo. Te olvidarás del mundo; has creado un truco. Todos los mantras son trucos, pero son espirituales. Fumar en cadena también es un mantra. Es un mantra mundano; no religioso puedes llamarlo, secular.

El verdadero problema es el hábito.

Tu dices: HE INTENTADO POR TODOS LOS MEDIOS DEJARLO....

No has intentado ser consciente de ello; sin intentar ser consciente has intentado dejarlo caer. No es posible. Volverá, porque tu mente es la misma; sus necesidades son las mismas, sus problemas son los mismos, sus ansiedades, tensiones son las mismas, su angustia es la misma. Y cuando surjan esas ansiedades, ¿qué harás? Inmediatamente, mecánicamente, empezarás a buscar los cigarrillos.

Puede que lo hayas decidido una y otra vez, y una y otra vez has fracasado—no porque fumar sea un fenómeno tan grande que no puedas salir de él, sino porque lo estás intentando desde el lado equivocado. En lugar de tomar conciencia de toda la situación, de por qué fumas en primer lugar, en lugar de tomar conciencia del proceso de fumar, simplemente intentas dejarlo. Es como podar las hojas de un árbol sin cortar las raíces.

Y mi única preocupación aquí es cortar las raíces, no podar el árbol. Podando las hojas y las ramas el árbol se hará más grueso, el follaje se hará más espeso.

No destruirás el árbol; de hecho, lo estarás ayudando. Si realmente quieres salir de él tendrás que mirar más profundamente, no en los síntomas sino en las raíces. ¿Dónde están las raíces?

Debes ser una persona profundamente angustiada, de lo contrario no es posible fumar en cadena; fumar en cadena es un subproducto. Debes estar tan preocupado por mil y una perturbaciones en tu interior, debes llevar una carga tan grande de preocupaciones en el corazón, en el pecho, que ni siquiera sabes cómo olvidarlas. No sabes cómo desprenderte de ellas... fumar al menos te ayuda a olvidarlas.

Tú dices: ME HE ESFORZADO...

Ahora hay que entender una cosa. Los hipnotizadores han descubierto una ley fundamental; la llaman la Ley del Efecto Inverso. Si te esfuerzas en hacer algo sin comprender los fundamentos, el resultado será justo el contrario.

Es como cuando estás aprendiendo a montar en bicicleta. Estás en una carretera silenciosa, sin tráfico, temprano por la mañana, y ves un hito rojo ahí parado al lado de la carretera como Hanuman. Una carretera de doce metros de ancho y sólo un pequeño hito, y te entra miedo: puedes llegar al hito, puedes chocar contra el hito. Ahora te olvidas de la carretera de sesenta pies de ancho. De hecho, incluso si vas con los ojos vendados no hay muchas posibilidades de que te encuentres con el hito, de que choques contra el hito, pero con los ojos abiertos ahora toda la carretera está olvidada; te has centrado. En primer lugar, ese enrojecimiento es muy focalizador. Y tienes mucho miedo.—quieres evitarlo. Has olvidado que vas en bicicleta; lo has olvidado todo. Ahora el único problema para ti es cómo evitar esta piedra; de lo contrario puedes hacerte daño, puedes chocar contra ella.

Ahora el choque es absolutamente inevitable; estás destinado a chocar con la piedra. Y entonces te sorprenderás: "Me esforcé". De hecho es PORQUE te esforzaste que llegaste a la piedra. Y cuanto más te acercas, más te esfuerzas por evitarla; pero cuanto más te esfuerzas por evitarla, más te concentras en ella. Se convierte en una fuerza hipnótica, te hipnotiza. Se convierte en un imán.

Es una ley muy fundamental en la vida. Muchas personas intentan evitar muchas cosas y caen en lo mismo. Intenta evitar cualquier cosa con gran esfuerzo y caerás en el mismo pozo. No puedes evitarlo; esa no es la manera de evitarlo.

Relájate. No te esfuerces, porque es a través de la relajación como puedes ser consciente, no esforzándote. Estate tranquilo, quieto, en silencio.

Le sugeriré: fume todo lo que quiera fumar. En primer lugar, no es un pecado. Te doy la garantía: seré responsable. Asumo el pecado, así que si te encuentras con Dios el Día del Juicio, puedes decirle que este hombre es el responsable. Y yo estaré allí como testigo de que usted no es responsable. Así que no te preocupes porque sea un pecado. Relájate y no trates de dejarlo caer con esfuerzo. No, eso no va a ayudar.

El Zen cree en la comprensión sin esfuerzo.

Esta es mi sugerencia: fuma todo lo que quieras, pero fuma meditativamente. Si la gente Zen puede beber té meditativamente, ¿por qué no se puede fumar meditativamente? De hecho, el té contiene el mismo estimulante que los cigarrillos; es el mismo estimulante, no hay mucha diferencia. Fuma meditativamente, muy religiosamente. Conviértelo en una ceremonia. Inténtalo a mi manera.

Haz un pequeño rincón en tu casa sólo para fumar: un pequeño templo consagrado, dedicado al dios del tabaco. Primero inclínate ante tu paquete de tabaco. Charla un poco, habla con los cigarrillos. Pregúntales: "¿Cómo estás?". Y luego, muy despacio, apaga un cigarrillo... muy despacio, tan despacio como puedas, porque sólo si lo apagas muy despacio serás consciente. No lo hagas de forma mecánica, como haces siempre. Luego golpea el cigarrillo en la cajetilla muy despacio y durante todo el tiempo que quieras. Tampoco hay prisa. Luego coge el mechero, inclínate ante el mechero. Son grandes dioses, ¡deidades! La luz es Dios, ¿por qué no el mechero?

Entonces empieza a fumar muy despacio, como VIPASSANA. No lo hagas como un PRANAYAMA—rápido y profundo—sino muy despacio. Buda dice: Respira naturalmente. Entonces fuma naturalmente: muy despacio, sin prisa. Si es un pecado tienes prisa. Si es un pecado quieres terminarlo lo antes posible. Si es un pecado no quieres mirarlo.

Sigue leyendo el periódico y sigue fumando. ¿Quién quiere ver un pecado?

Pero no es un pecado, así que vigila... vigila cada uno de tus actos.

Divide tus actos en pequeños fragmentos para que puedas avanzar muy lentamente. Y te sorprenderás: vigilando tu tabaquismo, poco a poco fumar será cada vez menos.

Y un día, de repente, desaparece. No has hecho ningún esfuerzo para dejarlo caer; ha caído por sí mismo, porque al tomar conciencia de un patrón muerto, de una rutina, de un hábito mecánico, has creado, has liberado, una nueva energía de conciencia en ti. Sólo esa energía puede ayudarte; nada más te ayudará.

Y no sólo es así con el tabaco, Gurucharan, es así con todo lo demás en la vida: no te esfuerces demasiado en cambiarte a ti mismo. Eso deja cicatrices. Aunque cambies, tu cambio seguirá siendo superficial. Y encontrarás un sustituto en alguna parte; TIENES que encontrar un sustituto, de lo contrario te sentirás vacío.

Y cuando algo se marchita por sí mismo porque te has vuelto tan silenciosamente consciente de su estupidez que no es necesario ningún esfuerzo, cuando simplemente cae, igual que una hoja muerta que cae de un árbol, no deja ninguna cicatriz ni deja ningún ego.

Si dejas algo por esfuerzo, se crea un gran ego. Empiezas a pensar: "Ahora soy un hombre muy virtuoso porque no fumo". Si piensas que fumar es un pecado, naturalmente, obviamente, si lo dejas pensarás que eres un hombre muy virtuoso.

Así son tus hombres virtuosos. Alguien no fuma, alguien no bebe, alguien come sólo una vez al día, alguien no come por la noche, alguien incluso ha dejado de beber agua por la noche... ¡y todos ellos son grandes santos! Estas son cualidades santas, ¡grandes virtudes!

Hemos convertido la religión en una tontería. Ha perdido toda su gloria. Se ha vuelto tan estúpida como la gente.

Pero todo depende de tu actitud: si crees que algo es pecado, entonces tu virtud será justo lo contrario.

Insisto: no fumar no es virtud, fumar no es pecado; la conciencia es virtud, la inconsciencia es pecado. Y luego la misma ley es aplicable a toda tu vida.

La tercera pregunta

MAESTRO,

EL OTRO DIA EN EL DISCURSO DIJISTE QUE SANNYAS SOLO LLEGA CUANDO SE HA LLEGADO AL PUNTO DEL SUICIDIO. PERO YO NO ME SENTÍ SUICIDA CUANDO TOMÉ SANNYAS, SÓLO PROFUNDAMENTE ENAMORADO DE TI. MI VIDA PARECÍA RICA, PERO TÚ LA HAS HECHO INFINITAMENTE MÁS RICA. ¿NO SOY UN VERDADERO SANNYASIN PORQUE NO ME SIENTO SUICIDA?

Prem Sunderam,

¿Y QUÉ ES EL AMOR? Es el mayor suicidio del mundo. Amar significa suicidarse: el suicidio del ego. El amor significa abandonar el ego. Por eso la gente tiene tanto miedo al amor. Hablan de él, también fingen. Consiguen engañar a los demás y a sí mismos diciendo que aman. Pero evitan el amor... porque el amor requiere que primero mueras; sólo entonces resucitas.

Así que lo que he dicho es absolutamente cierto y absolutamente aplicable a usted. Y la vida ciertamente se vuelve más rica. Cuanto más mueres al ego, más rica es tu vida, más llena está tu vida de amor y alegría y éxtasis desbordantes.

No, tú eres mi verdadero sannyasin... pero el amor es el suicidio supremo. Todos los demás suicidios son pequeños suicidios. Alguien se suicida; eso es sólo físico. El amor es suicidio psicológico y la meditación es suicidio espiritual. En el amor mueres psicológicamente, abandonas el ego psicológico, y en la meditación abandonas la idea misma del yo, incluso del yo supremo. Te conviertes en la nada... y en esa nada florece el loto blanco de un Buda.

La cuarta pregunta

MAESTRO,

¿CÓMO PUEDO APRENDER LOS SECRETOS DE LA VIDA?

Rabindra,

NO HAY SECRETOS EN LA VIDA. O se puede decir: la vida es un secreto a voces. Todo está disponible, nada está oculto. Todo lo que necesitas son ojos para ver.

Es como si un ciego preguntara: "Quiero aprender el secreto de la luz". Lo único que necesita es un tratamiento ocular para poder ver. La luz está disponible, no es un secreto. Pero es ciego: para él no hay luz. ¿Qué decir de la luz? Para él ni siquiera hay oscuridad, porque incluso para ver la oscuridad se necesitan ojos. Un ciego no puede ver la oscuridad. Si puedes ver la oscuridad puedes ver la luz; son dos aspectos de la misma moneda. El ciego no sabe nada de la oscuridad y nada de la luz. Ahora quiere aprender los secretos de la luz.

Sólo podemos ayudarle, no enseñándole grandes verdades sobre la luz -serán inútiles-, sino operándole los ojos.

Eso es exactamente lo que se está haciendo aquí. Esto es un quirófano. En el momento en que te conviertes en sannyasin te estás preparando para la mesa de operaciones, y tienes que pasar por muchas operaciones quirúrgicas. En eso consisten todas las terapias. Y si sobrevives a todas las terapias, ¡entonces estoy allí finalmente para acabar contigo!

En el momento en que el ego desaparece, todos los secretos se abren. La vida no es como un puño; es una mano abierta.

Pero a la gente le gusta la idea de que la vida tiene secretos, secretos ocultos. Sólo para evitar su ceguera han creado la idea de secretos ocultos, de conocimientos esotéricos que no están al alcance de cualquiera, o que sólo están al alcance de grandes adeptos que viven en el Tíbet o en los Himalayas, o que ya no están en sus cuerpos, que viven sólo en cuerpos astrales y sólo se aparecen a unos pocos elegidos. Y toda clase de tonterías se han perpetuado a lo largo de los siglos por la sencilla razón de que quieres evitar ver, reconociendo el simple hecho de tu ceguera. En lugar de decir: "Estoy ciego", dices: "Los secretos de la vida están muy ocultos; no son fáciles de obtener. Necesitarás una gran iniciación".

La vida no es esotérica en absoluto. Está escrita en cada hoja de cada árbol, en cada guijarro de la orilla del mar; está contenida en cada rayo de sol: cualquier cosa que encuentres es vida en toda su belleza. Y la vida no te tiene miedo, ¿por qué habría de esconderse? De hecho, tú te escondes, intentas esconderte continuamente. Te cierras a la vida porque le tienes miedo. Tienes miedo de vivir, porque la vida requiere una muerte constante.

Hay que morir a cada instante al pasado. Esa es una gran exigencia de la vida, sencilla si comprendes que el pasado ya no existe. ¡Sal de él, sal de él! Está acabado. Cierra el capítulo, ¡no sigas cargándolo! Y entonces la vida estará disponible para ti.

Pero tú sigues en el pasado; el pasado sigue rondándote, la resaca nunca termina. Y en lugar de venir al presente, la resaca del pasado te empuja hacia el futuro. Así que o estás en los recuerdos o estás en tu imaginación. Estas son las dos formas de perderte la vida; por lo demás, no hay necesidad de perderse la vida. Simplemente abandona los recuerdos y la imaginación. El pasado ya no existe, el futuro todavía no existe; ambos son inexistentes. Todo lo que existe es el presente, el ahora. El ahora es Dios.

Entra por las puertas del ahora y todo se revela—instantáneamente revelado, inmediatamente revelado.

La vida no es avara: nunca esconde nada, no retiene nada. Está dispuesta a darlo todo, total e incondicionalmente. Pero tú no estás preparado.

Y Rabindra, tú preguntas: ¿CÓMO PUEDO APRENDER LOS SECRETOS DE LA VIDA?

No se trata de aprender, sino de desaprender. Ya has aprendido demasiado: los Vedas, los Upanishads, el Gita, el Corán, la Biblia, el Talmud.

Miles de escrituras están ahí dentro de ti, clamando, haciendo ruido, luchando entre sí; todo tipo de ideologías tratando constantemente de atraer tu atención. Tu mente es un caos. Está abarrotada, es una multitud. ¡Desaprende! Todo lo que has acumulado hasta ahora como conocimiento, desapréndelo.

La gente Zen tiene razón cuando dice NO SABER ES LO MÁS ÍNTIMO.

Desaprender es el proceso que puede llevarte a ese hermoso espacio de no saber. Y entonces observar. Observa la vida sin ningún conocimiento que la interprete. Te has acostumbrado tanto a la interpretación.

En el momento en que ves la puesta de sol, inmediatamente, habitualmente, repites palabras que has oído a otros: "¡Qué puesta de sol tan bonita!" No quieres decir nada con ello; ni siquiera estás mirando la puesta de sol. No has permitido que penetre en tu corazón. No sientes ningún asombro. No estás en estado de asombro. No has caído de rodillas.

No estás mirando con ojos que no parpadean, absorbiendo. Nada de eso. Sólo un comentario casual: "¡Qué hermosa puesta de sol!" Sólo una forma de hablar, un amaneramiento, que demuestra que eres culto, sofisticado, que sabes lo que es la belleza, que tienes un gran sentido estético, que tienes una gran sensibilidad hacia la naturaleza. No estás mirando la puesta de sol. ¿Has mirado alguna vez la puesta de sol? Si la hubieras mirado no te habrías hecho esta pregunta; la puesta de sol te lo habría dicho todo.

¿Has mirado alguna vez una flor de rosa? Sí, dirás: "¡Es preciosa!". Puede que repitas el famoso dicho: "Una rosa es una rosa es una rosa", pero no estás viendo la rosa. Estás lleno de palabras, de todo tipo de jerga -poética, filosófica-, pero entre tú y la rosa hay un muro, una Muralla China. Detrás de ese muro te escondes.

Y tú te preguntas: ¿CÓMO PUEDO APRENDER LOS SECRETOS DE LA VIDA?

Y la vida continúa completamente desnuda, absolutamente disponible. Todo lo que se necesita es un estado de no-saber, un espacio vacío que pueda absorberla, que pueda recibirla. Sólo cuando estás en un estado de no-saber eres un anfitrión, y entonces la vida se convierte en un invitado.

Sólo observa, sin evaluar. No digas "bueno", no digas "malo"; no digas "hermoso".

no digas "feo". No digas nada en absoluto. Sin decir nada, sin traer tu mente, sólo observa con ojos completamente vacíos, como un espejo. Refleja la luna, las estrellas, el sol, los árboles, la gente, los animales, los pájaros. Y la vida se derramará en tu ser. Y es una fuente inagotable de energía. Y la energía es deleite.

William Blake tiene razón cuando dice La energía es deleite. Y cuando la vida vierte su energía en tu ser te rejuvenece, te revitaliza; renaces constantemente. Una persona real y viva nace una y otra vez cada MOMENTO. Está fresca, siempre es joven.

Incluso cuando muere está fresco y joven. Incluso en el momento de la muerte, la vida está vertiendo más y más energía en él. Su forma de acercarse a la vida -sin mente- le ayuda a ver no sólo la vida, sino también la muerte. Y cuando eres capaz de ver la vida, eres capaz de ver la muerte. Y ver la muerte significa que no hay muerte; todo es vida, y eterno, sin principio, sin fin. Y tú formas parte de esta celebración infinita.

Sólo observa, mantente alerta y actúa desde un estado de inocencia. Su pregunta parece estar bien informada.

Tú dirás: ¿CÓMO PUEDO APRENDER LOS SECRETOS DE LA VIDA?

Sigues preguntando como un estudiante, un colegial.

La vida está lista en todo momento para abrazarte. TÚ te escondes de la vida porque tienes miedo. Quieres la vida en tus términos. Quieres que la vida sea hindú o mahometana o cristiana, y la vida no puede hacer eso. Quieres la vida según el Gita o el Corán, y la vida no puede hacer eso.

No pongas condiciones a la vida. Poner condiciones a la vida es feo, violento, estúpido. Permanece incondicionalmente abierto... y de repente algunas campanas de tu corazón empiezan a sonar, en sintonía con el todo. Surge una música, nace una melodía. Ya no estás separado como aprendiz, como conocedor. Finalmente ni siquiera estás separado como observador; el observador y lo observado se convierten en uno en última instancia.

Ese es el momento de la iluminación, de la Budeidad, cuando eres parte de este todo, una parte intrínseca, inseparable. Entonces tú ERES la vida, ¿qué necesidad hay de aprender nada?

Tú lo ERES, no estás separado de él. ¿Quién va a aprender y sobre qué? Tú eres la vida. Entonces surge la experiencia: no saber sino experimentar, no conocimiento sino sabiduría.

Raúl estaba sentado contra la pared de la choza de adobe de su amigo Pablo. Pablo salió de la casa con una mariposa en la mano.

"Ay, Pablo", llamó Raúl. "¿A dónde vas con la mariposa?"

"Voy a por mantequilla", respondió Pablo.

"¡Oh, tonto!", dijo Raúl. "¡No puedes conseguir mantequilla con una mariposa!"

Unos minutos después, para asombro de Raúl, Pablo regresó con un cubo de mantequilla.

Al rato salió Pablo, esta vez cargado con un tarro de tábanos.

"Ay, Pablo", llamó Raúl, "¿a dónde vas con esos tábanos?".

"¿Dónde crees?", respondió Pablo. "¡A por caballos, claro!"

Pablo regresó a los pocos minutos conduciendo un par de hermosos sementales.

"¡Ves, te lo dije!", dijo Pablo al asombrado Raúl.

Diez minutos después, Pablo salió agarrando un puñado de sauces.

"¡Ay, Pablo!" gritó Raúl. "Espérame... ¡voy contigo!"

Sólo observa. Nada está oculto... sólo observa. Y poco a poco empezarás a ir con la vida. Poco a poco no permanecerás separado, seguirás la vida. Y seguir la vida es ser religioso. No seguir a Cristo, no seguir a Buda, sino seguir la vida es ser religioso.

Quinta pregunta

MAESTRO,

PUEDO ENCONTRAR LA RESPUESTA A TODAS LAS PREGUNTAS QUE LE HAGO DENTRO DE MÍ MISMO, PERO AÚN ASÍ ME GUSTARÍA HACERLE UNA - SÓLO POR DIVERSIÓN, SIMPLEMENTE ACEPTANDO SU INVITACIÓN. ¿ES REALMENTE POSIBLE PARA UNA PERSONA ORDINARIA COMO YO VIVIR EN ESTE MUNDO, GANANDO Y GASTANDO, Y AÚN ASÍ ESTAR CONSTANTEMENTE EN EL ESTADO DE NO-MENTE?

Deva David,

NO RESPONDERÉ A ESTA PREGUNTA—¡sólo por diversión! Si puedes encontrar la respuesta a todas las preguntas, ¡encuentra también la respuesta a esta!

Y tú no pareces ser una persona ORDINARIA—alguien que puede encontrar todas las respuestas a todas las preguntas dentro de sí mismo no puede ser una persona ordinaria, de lo contrario ¿cómo definirías lo extraordinario?

No, no te molestaré con una respuesta... encuéntrala en ti mismo. Cuando no la encuentres, pregúntame de nuevo.

Sexta pregunta

MAESTRO,

¿NO SE PUEDE CREER EN DIOS SIN VERLO?

Surendra Mohan, ¿QUIÉN TE DICE QUE CREAS EN DIOS? Estoy en contra de toda creencia. Usted debe ser un recién llegado aquí. Creer es irreligioso, tanto como no creer. Creer significa que aún no sabes si has aceptado algo. Es cobarde, no has preguntado. Estás fingiendo, eres un hipócrita.

Todos los creyentes son hipócritas—católicos y comunistas, jainas y judíos—todos. Los creyentes son hipócritas. No saben y sin embargo fingen COMO SI supieran. ¿Qué es creer? Es jugar al juego del "como si". Y lo mismo ocurre con la incredulidad.

El comunista NO sabe que no hay Dios, igual que el hindú no sabe que hay un Dios. El hindú cree que hay un Dios, el comunista cree que no hay Dios.

La incredulidad también es un tipo de creencia, un tipo negativo de creencia. Y por eso es tan fácil convertirse en hindú siendo comunista o en comunista siendo hindú.

Es bien sabido que antes de la revolución rusa Rusia era uno de los países MÁS religiosos del mundo. ¿Qué ocurrió después? Tras diez años de revolución, todo el país se volvió ateo. Las mismas personas que eran fanáticas creyentes se convirtieron en fanáticas incrédulas. A primera vista parece desconcertante, pero no lo es. El fanatismo es el mismo; nada ha cambiado. Eran cristianos fanáticos, ahora son comunistas fanáticos. Creían locamente, ahora descreen locamente, su locura es la misma.

Y su creencia era errónea porque no lo habían experimentado, y su incredulidad es errónea porque aún no han experimentado la AUSENCIA de Dios.

Surendra Mohan, me preguntas: ¿NO SE PUEDE CREER EN DIOS SIN VERLO?

En primer lugar, no es necesario creer en Dios. Y si crees nunca podrás conocerle. Creer se convertirá en una barrera; creer es siempre una barrera. Creer significa que tienes un prejuicio y no podrás ver lo que es. Proyectarás tu propia idea.

Por eso un hindú, cuando tenga una visión de Dios, verá a Krishna con la flauta.

Nunca verá a Cristo, nunca verá a Mahavira, nunca verá a Buda. ¿Y el cristiano? Nunca ha visto a Krishna ni a Buda. ¿Y el judío? Tiene sus propias ideas. Así que cuando ves, lo que ves no es realmente lo real sino tu propia proyección, tu propia idea.

Recuerda: mientras tengas una sola idea dentro de ti, tu experiencia estará distorsionada por ella.

MI sugerencia a MI gente es: no lleven ninguna idea de Dios, a favor o en contra. No lleven ninguna imagen de Dios. De hecho, Dios es absolutamente irrelevante - ¡sed meditativos! Y meditación significa: abandonar todos los pensamientos, abandonar todas las ideologías, abandonar todos los conocimientos. Deja la mente misma.

Y entonces, cuando estás en un estado de no-mente, se experimenta algo inimaginable, increíble, impredecible, inexpresable. Puedes llamarlo Dios, puedes llamarlo verdad, puedes llamarlo NIRVANA, o como quieras llamarlo. Eres libre porque ninguna palabra lo describe, por lo tanto cualquier palabra es tan buena como cualquier otra. Pero no cargues con ninguna creencia.

¿Y qué quiere decir: "...sin verlo"? ¿Crees que algún día verás a Dios? ¿Es Dios una persona? Así es como piensa la gente: Dios es como Rama, siempre llevando un arco con flechas. Ahora, en el siglo XX, llevar un arco parecería una tontería.

Dale una bomba atómica... ¡parecerá mucho más contemporáneo! Jesús en la cruz... han pasado veinte siglos. Ahora tenemos sillas eléctricas. Denle una silla eléctrica. ¡Al menos puede descansar en la silla! Aún así, le das una cruz. Haz tus ideas un poco más contemporáneas. Todas están anticuadas.

¿Qué quiere decir con "VER a Dios"? ¿Es una persona? ¿Le saludarías y le darías la mano? Dios no es una persona, por lo tanto Dios no puede ser visto en ese sentido. Dios es una presencia.

No hay más Dios que la piedad. Es una cualidad, una fragancia. Se experimenta, no se ve. Y cuando la experimentáis, no es algo que está ahí fuera como un objeto; es algo que está AQUÍ, en el corazón de vuestros corazones. Es vuestra subjetividad, vuestra conciencia.

Por tanto, no se trata de creer ni tampoco de ver.

Pero la gente se educa en todo tipo de creencias y sigue viendo a través de sus prejuicios. Así que todo lo que encaja con sus prejuicios entra dentro; todo lo que no encaja con sus prejuicios no puede entrar.

Un elefante se escapó del zoo local y se metió en el huerto de una de las matronas más prominentes de la ciudad. Por desgracia, la señora acababa de regresar de un cóctel en el que había bebido demasiado. Sin embargo, no estaba tan borracha como para ver a la bestia en su jardín, y tuvo la presencia de ánimo para llamar a la policía.

"Rápido", dijo, "hay una especie de animal enorme y de aspecto extraño en mi jardín".

"¿Qué está haciendo?", preguntó el sargento de guardia.

"¡Parece estar cogiendo lechugas con el rabo!"

"¿Ah, sí?", respondió el desconfiado policía. "¿Y qué hace con él?".

La señora se asomó una vez más a su jardín y luego dijo: "¡Sargento, aunque se lo contara, nunca lo creería!".

Dios ha sido experimentado. Nadie ha sido nunca capaz de decir exactamente en qué consiste esa experiencia. Y aunque alguien intente decirlo, no vas a creerlo. Tus prejuicios, tus ideas A PRIORI, te lo impedirán.

No, Surendra Mohan, no hace falta creer en Dios; ni siquiera hace falta creer que un día vas a verle. De hecho, Dios no es un tema religioso en absoluto - te sorprenderás cuando lo oigas - Dios es un tema filosófico. Es para esos inútiles que no paran de darle vueltas y vueltas a la lógica. Es para esas personas que discuten sobre Dios.

Una persona religiosa no está interesada en Dios; está más interesada en la fuente misma de su ser, en quién es: "¿Quién soy yo? Esa es la pregunta religiosa MÁS fundamental: no Dios, no el cielo, no el infierno, sino "¿Quién soy yo?". Y si puedes encontrar la verdad de tu propio ser, habrás encontrado toda la verdad que es necesario conocer y que vale la pena conocer.

Habrás encontrado a Dios y habrás encontrado el NIRVANA y habrás encontrado todo lo que los videntes, los rishis, los budas, los profetas, a lo largo de los siglos, te han estado diciendo que investigues.

Pero no hagas una investigación filosófica, de lo contrario terminarás con una conclusión. Y todas las conclusiones son peligrosas porque una vez que llegas a una conclusión te vuelves fanático de ella, empiezas a aferrarte a ella. Tienes miedo de la verdad, porque ¿quién sabe? La verdad puede perturbar tu conclusión, y tu conclusión es tan acogedora y tan conveniente, y te ha ayudado a darte una cierta sensación de seguridad. Así que sigues aferrándote a tu conclusión, y tu conclusión es tu conclusión.

Si no eres consciente, ¿qué valor puede tener tu conclusión? Tu conclusión no puede ser más grande que tú, tu conclusión no puede ser más alta que tú. Tu conclusión será tan alta, tan profunda, como tú seas alto y tú seas profundo. Tu conclusión sólo te reflejará a ti.

Dios no es una conclusión. No se llega a ella mediante procesos lógicos: creyendo, discutiendo, analizando, no. Todos los procesos mentales tienen que cesar. Cuando todos los procesos han cesado, algo -llámalo XYZ- surge de repente dentro de ti. Se pueden indicar algunas cualidades: te sentirás tremendamente extasiado, dichoso, en casa, a gusto. Por primera vez, la existencia será tu hogar. No serás un forastero, un extraño. Por primera vez no habrá conflicto entre tú y la existencia, no habrá lucha por la supervivencia del más fuerte. Por primera vez estarás en un estado de let-go. Y en el let-go brota la gran alegría.

Podrás cantar la canción que llevas en el corazón y aún no se ha cantado.

Serás capaz de florecer en miles de flores. O como decimos en Oriente: florecerás en un loto de mil pétalos de conciencia, de consciencia. Eso es Dios, o mejor, la piedad.

Séptima pregunta

MAESTRO,

SÉ QUE ESTÁIS EN CONTRA DEL MATRIMONIO, PERO AUN ASÍ QUIERO CASARME. ¿PUEDO CONTAR CON SU BENDICIÓN?

Rakesh,

MEDITA SOBRE LA MÁXIMA DE MURPHY: Un tonto y su calma se separan pronto.

Aún no se ha publicado en ningún sitio, pero Asha es la guardiana de los manuscritos inéditos de Murphy, así que me sigue proporcionando estas máximas de Murphy. Medita sobre ello:

Un tonto y su calma se separan pronto.

Eso es lo que será el matrimonio. Sólo los tontos piensan en términos de legalidad; si no, basta con el amor. Y no estoy en contra del matrimonio... estoy a favor del amor. Si el amor se convierte en tu matrimonio, bien; pero no esperes que el matrimonio pueda traer el amor. Eso no es posible. El amor puede convertirse en matrimonio. Tienes que trabajar muy conscientemente para transformar tu amor en un matrimonio.

Normalmente, la gente destruye su amor. Hacen TODO para destruirlo y luego sufren. Y siguen diciendo: "¿Qué salió mal?". Destruyen... hacen de todo para destruirlo.

Hay un tremendo deseo y anhelo de amor, pero el amor necesita una gran conciencia. Sólo entonces puede alcanzar su clímax más alto, y ese clímax más alto ES el matrimonio. No tiene nada que ver con la ley. Es la fusión de dos corazones en una totalidad. Es el funcionamiento de dos personas en sincronía, eso es el matrimonio.

Pero la gente intenta amar y como son inconscientes... su anhelo es bueno, pero su amor está lleno de celos, lleno de posesividad, lleno de ira, lleno de maldad. Pronto lo destruyen. De ahí que durante siglos hayan dependido del matrimonio. Es mejor empezar por el matrimonio para que la ley te proteja de destruirlo. La sociedad, el gobierno, el tribunal, el policía, el sacerdote, todos ellos te obligarán a vivir en la institución del matrimonio, y no serás más que un esclavo. Si el matrimonio es una institución, serás un esclavo en ella. Sólo los esclavos quieren vivir en instituciones.

El matrimonio es un fenómeno totalmente distinto: es el clímax del amor. Entonces es bueno. No estoy en contra del matrimonio: estoy a favor del matrimonio REAL. Estoy en contra del falso, del pseudo, que existe. Pero es un acuerdo. Te da cierta seguridad, protección, ocupación. Te mantiene comprometido. De lo contrario, no te enriquece, no te alimenta.

Así que, Rakesh, si quieres casarte según yo, sólo entonces podré darte mis bendiciones.

Aprende a amar y abandona todo lo que va en contra del amor. Es una tarea ardua. Amar es el mayor arte que existe. Se necesita tal refinamiento, tal cultura interior, tal meditación, para que uno pueda ver inmediatamente cómo sigue destruyendo. Si puedes evitar ser destructivo, si te vuelves creativo en tu relación; si la apoyas, la alimentas; si eres capaz de sentir compasión por la otra persona, no sólo pasión....

La pasión por sí sola no es capaz de mantener el amor; se necesita compasión. Si eres capaz de ser compasivo con el otro; si eres capaz de aceptar sus limitaciones, sus imperfecciones; si eres capaz de aceptarle tal y como es o ella es y TODAVÍA amar... entonces un día se produce el matrimonio. Eso puede llevar años. Puede llevarte toda la vida.

Puedes tener mis bendiciones, pero para un matrimonio legal no necesitas tener mis bendiciones—y mis bendiciones tampoco serán de ninguna ayuda. ¡Y cuidado! Antes de lanzarte, piénsalo bien.

Una mujer entra en una tienda de animales y ve un pájaro con un pico enorme. "¿Qué es ese pájaro tan raro?", le pregunta al dueño.

"Eso es un ave gobble", responde.

"¿Por qué le llamas pájaro tragón?"

El hombre le dice al pájaro: "¡Pájaro engullidor, mi silla!".

El pájaro empieza inmediatamente a picotear y engulle la silla.

"Lo compraré", dice la mujer.

El propietario pregunta por qué.

"Cuando mi marido llegue a casa, verá el pájaro y me preguntará: "¿Qué es eso? Y yo le responderé: 'Un pájaro famélico'. Y entonces él dirá: '¡Un ave fofa, mi pie!'".

¡Sólo sé un poco consciente antes de moverte! Mis bendiciones no ayudarán. El matrimonio es una trampa y tu mujer tarde o temprano encontrará un pájaro tragón.

A la Sra. Moskowitz le encantaba la sopa de pollo. Una noche estaba sirviéndola cuando entraron tres amigos de su marido. "Sra. Moskowitz", dijeron, "venimos a decirle que su marido, Izzy, ha muerto en un accidente de coche".

La Sra. Moskowitz siguió tomando su sopa. De nuevo se lo dijeron. Seguía sin reaccionar.

"Mire", dijo el interlocutor perplejo, "¡le estamos diciendo que su marido ha muerto!".

Siguió con la sopa. "Caballeros", dijo entre bocado y bocado, "en cuanto termine con esta sopa de pollo, ¡escucharán algún grito!".

El matrimonio no es amor, es otra cosa.

Una mujer junto a la tumba de su marido se lamentaba: "¡Oh, José, hace cuatro años que te fuiste, pero aún te echo de menos!".

En ese momento pasó Grossberg y vio a la mujer llorando. "Disculpe", le dijo, "¿a quién llora?".

"Mi marido", dijo. "¡Le echo tanto de menos!"

Grossberg miró la lápida y dijo: "¿Su marido? Pero en la lápida pone 'Sagrado a la memoria de Golda Kreps'".

"Oh, sí, lo puso todo a mi nombre".

¡Así que sé un poco consciente antes de caer en la trampa! El matrimonio es una trampa: tú estarás atrapado por la mujer y la mujer estará atrapada por ti. Es una trampa mutua. Y luego, legalmente, se os permite torturaros el uno al otro para siempre. Y especialmente en este país, no sólo durante una vida, ¡sino durante toda la vida juntos! El divorcio ni siquiera se permite después de muerto. La próxima vida también tendrás la misma esposa, ¡recuerda!

Y la última pregunta
MAESTRO,
¿QUÉ ESTÁ PASANDO?

Anand Subhuti,

ESTOY SORPRENDIDO, ¡porque eso es exactamente lo que iba a preguntaros a todos! No lo sé.

Pero: NO SABER ES LO MÁS ÍNTIMO.

No haga caso

DECÍAN LOS ANTIGUOS:
"(EL AUTO)CULTIVO LLEVA UN TIEMPO INIMAGINABLE (MIENTRAS QUE) LA ILUMINACIÓN EN UN INSTANTE SE ALCANZA".

SI EL ENTRENAMIENTO ES EFICIENTE, LA ILUMINACIÓN SE ALCANZARÁ EN UN CHASQUIDO DE DEDOS.

EN TIEMPOS PASADOS EL MAESTRO CH'AN HUI CHUEH DE LA MONTAÑA LANG YEH, TUVO UN DISCÍPULO QUE ACUDIÓ A ÉL EN BUSCA DE INSTRUCCIÓN. EL MAESTRO LE ENSEÑÓ A EXAMINAR EN LA FRASE: "NO HAGAS CASO".

SIGUIÓ ESTRICTAMENTE SUS INSTRUCCIONES SIN RECAER.

UN DÍA SU CASA SE INCENDIÓ, PERO ELLA DIJO: "NO HAGAN CASO".

OTRO DÍA, SU HIJO SE CAYÓ AL AGUA Y CUANDO UN TRANSEÚNTE LA LLAMÓ, ELLA DIJO: "NO HAGAS CASO".

ELLA OBSERVÓ EXACTAMENTE LA INSTRUCCIÓN DE SU MAESTRO DEJANDO DE LADO TODOS LOS PENSAMIENTOS CASUALES.

UN DÍA, MIENTRAS SU MARIDO ENCENDÍA EL FUEGO PARA HACER BUÑUELOS DE MASA RETORCIDA,

ELLA ECHÓ EN LA SARTÉN LLENA DE ACEITE (VEGETAL) HIRVIENDO UNA MASA QUE HIZO RUIDO.

AL OÍR EL RUIDO, SE ILUMINÓ AL INSTANTE. ENTONCES TIRÓ LA SARTÉN DE ACEITE AL SUELO, DIO UNA PALMADA Y SE ECHÓ A REÍR.

PENSANDO QUE ESTABA LOCA, SU MARIDO LA REGAÑÓ Y LE DIJO:

"¿POR QUÉ HACES ESTO? ¿ESTÁS LOCO?"

ELLA RESPONDIÓ: "NO HAGAS CASO".

ENTONCES FUE A VER AL MAESTRO HUI CHUEH Y LE PIDIÓ QUE VERIFICARA SU LOGRO.

EL MAESTRO LE CONFIRMÓ QUE HABÍA OBTENIDO EL FRUTO SAGRADO.

HAY DOS CAMINOS HACIA LA VERDAD ÚLTIMA. El primero es el del autocultivo y el segundo es el de la iluminación. El primero es básicamente erróneo. Sólo aparenta ser un camino, pero no lo es. Se avanza y se avanza en círculos, pero nunca se llega. El segundo no parece ser un camino porque no hay espacio para un camino cuando algo sucede instantáneamente, cuando algo sucede inmediatamente. Cuando algo sucede sin que transcurra ningún tiempo, ¿cómo puede haber un camino?

Hay que comprender esta paradoja lo más profundamente posible: el primero parece ser el camino pero no lo es; el segundo parece no ser un camino pero lo es. El primero parece ser un camino porque hay un tiempo infinito; es un fenómeno temporal Pero todo lo que ocurre en el tiempo no puede llevarte más allá del tiempo; todo lo que ocurre en el tiempo sólo refuerza el tiempo.

Tiempo significa mente. El tiempo ES una proyección de la mente. No existe; es sólo una ilusión.

Sólo existe el presente, y el presente no forma parte del tiempo. El presente forma parte de la eternidad. El pasado es tiempo, el futuro es tiempo; ambos son no-existenciales. El pasado es sólo memoria y el futuro es sólo imaginación; memoria e imaginación, ambas son no-existenciales. Creamos el pasado porque nos aferramos a la memoria; aferrarnos a la memoria es la fuente del pasado. Y creamos el futuro porque tenemos tantos deseos aún por cumplir, tenemos tantas imaginaciones aún por realizar. Y los deseos necesitan un futuro como una pantalla en la que proyectarse.

El pasado y el futuro son fenómenos mentales; y el pasado y el futuro conforman toda tu idea del tiempo.

Normalmente piensas que el tiempo se divide en tres partes: pasado, presente y futuro.

Eso es totalmente erróneo. No es así como los despiertos han visto el tiempo. Dicen que el tiempo consiste sólo en dos divisiones: pasado y futuro. El presente no forma parte del tiempo en absoluto; el presente pertenece al más allá.

El primer camino -el camino del autocultivo- es un camino temporal; no tiene nada que ver con la eternidad. Y la verdad es eternidad.

El segundo camino, el camino de la iluminación, los Maestros Zen siempre lo han llamado el camino sin camino, porque no parece ser un camino en absoluto. No puede aparecer como un camino, pero sólo a efectos de comunicación lo llamaremos "el segundo camino", arbitrariamente. El segundo camino no forma parte del tiempo, sino de la eternidad. Por lo tanto, se produce instantáneamente, en el presente. No se puede desear, no se puede ambicionar.

En el primer camino, el falso camino, todo está permitido. Puedes imaginar, puedes desear, puedes ser ambicioso. Puedes cambiar todos tus deseos mundanos en deseos de otro mundo. Eso es lo que la llamada gente religiosa sigue haciendo. Ya no desean el dinero -están hartos de él, cansados de él, frustrados con él, aburridos con él- pero empiezan a desear a Dios. El deseo persiste; cambia de objeto. El dinero ya no es el objeto del deseo, sino Dios; el placer ya no es el objeto del deseo, sino la dicha. ¿Pero qué dicha puedes imaginar?

Todo lo que imaginas en nombre de la dicha no es más que tu idea del placer, tal vez un poco refinada, cultivada, sofisticada, pero no puede ser más que eso.

Las personas que dejan de desear las cosas mundanas comienzan a desear el cielo y los placeres celestiales. ¿Pero qué son?—formas magnificadas de los mismos viejos deseos, de hecho más peligrosos que los deseos mundanos, porque con los deseos mundanos una cosa es absolutamente cierta: estás destinado a frustrarte tarde o temprano. Saldrás de ellos; no puedes permanecer en ellos para siempre. La naturaleza misma de ellos es tal que te prometen, pero nunca cumplen sus promesas—los bienes nunca son entregados. ¿Cuánto tiempo puedes permanecer engañado por ellos? Incluso la persona más estúpida vislumbra, de vez en cuando, que está persiguiendo ilusiones que no pueden cumplirse por la propia naturaleza de la existencia. El inteligente se da cuenta antes.

Pero con los deseos de otro mundo hay un peligro mucho mayor porque son de otro mundo, y para verlos y experimentarlos tendrás que esperar hasta la muerte. Sólo ocurrirán después de la muerte, por lo que no podrás liberarte de ellos en vida, mientras estés vivo.

Y un hombre que ha vivido inconscientemente toda su vida, su muerte va a ser la culminación de la inconsciencia; morirá en la inconsciencia. En la muerte tampoco será capaz de desilusionarse. Y la persona que muere en la inconsciencia vuelve a nacer en la inconsciencia. Es un círculo vicioso; sigue y sigue. Y la persona que nace en la inconsciencia repetirá las mismas estupideces que ha estado repitiendo durante millones de vidas.

A menos que te vuelvas alerta y consciente EN la vida, a menos que cambies la calidad de tu vivir, no morirás conscientemente. Y sólo una muerte consciente puede llevarte a un nacimiento consciente; y entonces una vida mucho más consciente abre sus puertas.

Cambiar los deseos mundanos por deseos de otro mundo es la última estrategia de la mente para mantenerte cautivo, para mantenerte prisionero, para mantenerte en esclavitud.

Así que el primer camino no es realmente un camino, sino un engaño, pero un engaño muy seductor. En primer lugar, es el AUTO-cultivo. No está en contra del ego; está enraizado en el refinamiento del ego. Refina tu ego de toda grosería, entonces te convertirás en un yo. El ego es como un diamante en bruto: sigues cortándolo y puliéndolo y entonces se convierte en un Kohinoor, muy precioso. Esa es tu idea del "yo", pero no es más que ego con un hermoso nombre, con un sabor espiritual añadido. Es el mismo ego ilusorio de siempre.

La idea misma de que "yo soy" es errónea. El todo es, Dios es—yo no soy. O yo puedo existir o Dios puede existir; no podemos existir los dos juntos—porque si yo existo, entonces soy una entidad separada. Entonces tengo mi propia existencia independiente de Dios. Pero Dios significa simplemente el total, el todo. ¿CÓMO puedo ser independiente de él? ¿Cómo puedo estar separado de él? Si existo, destruyo la idea misma de totalidad.

Las personas que niegan a Dios son las más egoístas. No es casualidad que Friedrich Nietzsche declarara la muerte de Dios. Era una de las personas más egoístas posibles.

Fue su ego lo que finalmente le volvió loco. El ego es la locura, la locura básica, la más fundamental, de la que surgen todas las demás locuras. Él dijo: "Dios está muerto y el hombre es libre." Esa frase es significativa. En una frase lo ha dicho todo: el hombre sólo puede ser libre si Dios está muerto; si Dios está vivo, entonces el hombre no puede ser libre, de hecho el hombre no puede existir.

La idea misma de que "yo soy" no es espiritual. La idea del yo no es espiritual.

¿Y qué es el autocultivo? Es un esfuerzo para pulir; es un esfuerzo para crear un carácter hermoso, para abandonar todo lo que es irrespetable y crear todo lo que es respetable. Es por eso que en diferentes países diferentes cosas son cultivadas por la gente espiritual—la llamada espiritual. Depende de la sociedad; lo que la sociedad respeta, eso será cultivado.

En la Rusia soviética, antes de la revolución, había una secta cristiana que creía que había que cortarse los órganos sexuales, sólo entonces se era cristiano de verdad. La declaración de Jesús fue tomada literalmente. Jesús ha dicho: Sean eunucos de Dios. Y estos tontos lo siguieron literalmente.

Cada año se reunían por miles y en un frenesí loco se cortaban los órganos sexuales. Los hombres se cortaban los órganos genitales, las mujeres se cortaban los pechos. Y aquellos que eran capaces de hacerlo eran considerados santos; eran muy respetados - habían hecho un gran sacrificio. Ahora bien, en cualquier otro lugar se les habría considerado completamente locos; pero como en esa sociedad en particular se les respetaba, eran santos.

En la India puedes encontrar a mucha gente tumbada sobre lechos de espinas o agujas, y se cree que son grandes sabios. Si les miras a los ojos, no son más que gente estúpida. Acostarse en un lecho de espinas no puede hacer a uno espiritual. Sencillamente adormecerá tu cuerpo, tu sensibilidad. Tu cuerpo se embotará cada vez más; no sentirá.

Así es como ocurre. Tu cara no siente el frío porque permanece abierta; se vuelve insensible al frío. Tus manos no sienten tanto el frío porque están abiertas; se vuelven insensibles al frío. Exactamente de la misma manera puedes vivir desnudo.

Sólo durante los primeros meses sentirás el frío; poco a poco tu cuerpo se irá adaptando.

Así es como los monjes jaina viven desnudos. Y sus seguidores los alaban como si nada; piensan: "Esto es la verdadera espiritualidad. Mira, ¡han ido más allá del cuerpo!".

No han ido a ninguna parte; el cuerpo simplemente se ha embotado. Y cuando el cuerpo se embota, naturalmente también se embota la mente, porque el cuerpo y la mente son profundamente uno. El cuerpo es la cáscara externa de la mente y la mente es el núcleo interno del cuerpo.

Si realmente quieres ser una mente sensible e inteligente, necesitas también un cuerpo sensible e inteligente. Sí, el cuerpo tiene su propia inteligencia. No lo mates, no lo destruyas, de lo contrario estarás destruyendo tu inteligencia. Pero si se respeta, entonces se convierte en algo religioso, espiritual, sagrado.

Cualquier cosa que la sociedad respete se convierte en un alimento para tu ego. Y la gente está dispuesta a hacer cualquier estupidez. La única alegría es que traerá respetabilidad.

El autocultivo no es más que otro nombre para el cultivo del ego. No es un camino real. De hecho, no se necesita un camino real. Parece un camino largo y arduo; necesita muchas vidas.

Las personas que han estado predicando el autocultivo saben perfectamente que una vida no es suficiente; de lo contrario, quedarían expuestos. Así que imaginan muchas muchas vidas, un largo y arduo viaje de muchas vidas. Entonces, finalmente, después de un tiempo inimaginable, llegas. De hecho, nunca se llega. No puedes llegar porque ya estás allí. De ahí que la idea misma de un camino que conduce a una meta carezca de sentido.

Intenta comprender la paradoja; es muy significativa para entender el espíritu del Zen.

ZEN NO ES UNA VÍA, NO ES UN CAMINO. De ahí que lo llamen la puerta sin puerta, el camino sin sendero, el esfuerzo sin esfuerzo, la acción sin acción. Utilizan estos términos contradictorios sólo para señalar una verdad: que un camino significa que hay una meta y que la meta tiene que estar en el futuro. Tú estás aquí, la meta está allí, y entre tú y la meta se necesita un camino, un puente, que os una. La idea misma de un camino significa que aún no has llegado a casa, que aún no estás en casa.

El segundo camino -el camino sin senderos, el camino de la iluminación- tiene una revelación totalmente diferente que hacer, una declaración totalmente diferente de inmenso valor: que ya lo eres. "¡AH, ESTO!" No hay a dónde ir, no hay necesidad de ir. No hay NADIE a quien ir. Ya estamos iluminados. Entonces sólo puede suceder en un instante—porque es una cuestión de despertar.

Por ejemplo, si te has dormido y estás soñando... puedes soñar que estás en la luna. ¿Crees que si alguien te despierta tendrás que volver de la luna? Entonces llevará tiempo. Si ya has llegado a la luna, tendrás que volver y eso llevará tiempo. Puede que el dirigible no esté disponible en este momento.

Puede que no haya entradas disponibles; puede que esté lleno. Pero puedes despertarte porque es sólo un sueño que estás en la Luna. En realidad estás en tu cama, en tu casa: no habías ido a ninguna parte. Sólo un pequeño temblor y de repente estás de vuelta... de vuelta de tus sueños.

El mundo es sólo un sueño. No necesitamos ir a ninguna parte; siempre hemos estado aquí; ESTAMOS aquí y vamos a estar aquí. Pero podemos dormirnos y soñar.

La Guardia Nacional de toda la India estaba de maniobras. Estaban a punto de comenzar un simulacro de batalla entre el equipo "rojo" y el equipo "azul" cuando recibieron un telegrama de Delhi: "Debido a los recientes recortes presupuestarios no podemos suministrar armas ni municiones, pero les rogamos que continúen con su batalla a efectos de entrenamiento."

El general reunió a sus tropas y les dijo: "Vamos a simular la batalla. Si estáis a menos de cien metros del enemigo, apuntad con el brazo y gritad 'BANG-BANG' para un fusil. Si estáis a menos de quince metros, levantad los brazos por encima de la cabeza y gritad 'BOOM' para una granada de mano. Si estás a menos de metro y medio, agita los brazos y grita 'SLASH-SLASH' para una bayoneta".

El soldado Abul fue destinado a una patrulla de reconocimiento y, al parecer, toda la acción se dirigió en otra dirección. Estuvo fuera tres días y tres noches, pero no vio a nadie más.

Al cuarto día, Abul estaba sentado bajo un árbol, desanimado, cuando vio una figura que cruzaba la colina en su dirección. Se puso a gatas y se arrastró por el barro y la maleza, como le habían enseñado. Efectivamente, era un soldado del otro equipo.

Abul levantó el brazo y gritó "¡BANG-BANG!", pero no obtuvo respuesta. Así que se acercó corriendo, se echó el brazo por encima de la cabeza y gritó "¡BUM!" muy alto. El otro soldado ni siquiera se volvió en su dirección. Así que corrió hacia el soldado y le gritó al oído: "¡SLASH-SLASH! SLASH-SLASH!", pero seguía sin reaccionar.

Abul se enfadó. Agarró al otro soldado por el brazo y le gritó: "¡Eh! No estás jugando según las reglas. Hice 'BANG-BANG', grité 'BOOM', y me acerqué a ti y dije 'SLASH-SLASH', y ni siquiera has indicado que me has visto todavía".

En ese momento, el otro soldado se giró hacia Abul y dijo con voz grave: "¡RUMBLE-RUMBLE, soy un tanque!".

Esta es la situación. No eres lo que crees que eres, no eres lo que crees que eres. Todas tus creencias son sueños. Tal vez has estado sonando durante tanto tiempo que parecen casi realidades.

Así que la cuestión no es el autocultivo: la cuestión es la iluminación.

El Zen cree en la iluminación repentina porque cree que ya estás iluminado; sólo se necesita una situación determinada que te despierte. Sólo una pequeña alarma puede hacer el trabajo. Si estás un poco alerta, sólo una pequeña alarma y de repente estás despierto.

Y todo el sueño con todos sus largos deseos, viajes, reinos, montañas, océanos... han desaparecido en un solo instante.

Esta hermosa historia:

DECÍAN LOS ANTIGUOS:

"(EL AUTO)CULTIVO LLEVA UN TIEMPO INIMAGINABLE...."

Te llevará un tiempo inimaginable porque lucharás con sombras. No puedes conquistarlas, pero tampoco puedes destruirlas. De hecho, cuanto más luches con ellas, más creerás en su existencia. Si luchas con tu propia sombra, ¿crees que hay alguna posibilidad de que salgas victorioso? Es imposible. Y no es porque la sombra sea más fuerte que tú por lo que la victoria es imposible. Todo lo contrario: la sombra NO tiene poder, NO tiene existencia, y si empiezas a luchar con algo que no existe, ¿cómo vas a ganar? Disiparás tu energía. Te cansarás y la sombra no se verá afectada. No se cansará. No puedes matarla, no puedes quemarla, ni siquiera puedes escapar de ella. Cuanto más rápido corras, más rápido vendrá detrás de ti.

La única manera de librarse de ella es VER que no existe en absoluto. Ver que una sombra es una sombra es la liberación. Sólo ver, no cultivar. Y una vez que las sombras desaparecen, tu vida tiene una luminosidad propia. Ciertamente surgirá un gran perfume, pero no será algo cultivado; no será algo pintado desde fuera.

Esa es la diferencia entre un santo y un sabio. Un santo sigue el camino del autocultivo. Practica la no violencia, como Mahatma Gandhi; practica la verdad, la veracidad; practica la sinceridad, la honestidad. Pero todo esto son prácticas. Y cuando practicas la no violencia, ¿qué estás haciendo? ¿Qué está ocurriendo realmente en tu interior? Debes estar reprimiendo la violencia. Cuando practicas -cuando TIENES que practicar- la verdad, ¿qué significa? Significa simplemente que la falsedad surge en ti y tú la reprimes y vas contra ella, y dices la verdad. Pero la falsedad no ha desaparecido de tu ser. Puedes empujarla hacia el sótano de tu ser; puedes arrojarla a la profunda oscuridad del inconsciente. Puedes olvidarla por completo. Puedes olvidar que existe, pero existe y está destinado a funcionar desde esas profundas y oscuras profundidades de tu ser de una manera tan sutil que nunca serás consciente de que todavía estás bajo su control - de hecho, mucho más que antes, porque cuando se sentía conscientemente no estabas tan bajo su control. Ahora el enemigo está oculto.

Esa es mi observación sobre Mahatma Gandhi. Él observaba, cultivaba la no violencia; pero he examinado a fondo su vida y es uno de los hombres más violentos que ha conocido este siglo. Pero su violencia está muy pulida; su violencia es tan sofisticada que casi parece no violencia. Y su violencia es tan sutil que no es fácil detectarla. Viene de la puerta de atrás; nunca está en la puerta principal. No la encontrarás en su salón; no está allí. Ha empezado a vivir en algún lugar de las dependencias del servicio, en la parte trasera de la casa, donde nunca va nadie, pero sigue tirando de sus hilos desde allí.

Por ejemplo, si normalmente estás enfadado, lo estás con la persona que lo ha provocado. Mahatma Gandhi se enfadaba consigo mismo, no con la persona. Volvía su ira contra sí mismo, la hacía introvertida. Ahora es muy difícil detectarla. Él iría en un ayuno, él se volvería suicida, él comenzaría a torturarse. Y de una manera sutil torturaria al otro torturandose a si mismo.

En su ashram, si alguien era encontrado bebiendo té.... Ahora el té es tan inocente, pero era un pecado en el ashram de Mahatma Gandhi. Estos ashrams existen creando culpa en la gente; no pierden ninguna oportunidad de crear culpa. Ese es su secreto comercial, así que no hay que perder ninguna oportunidad. Incluso el té es suficiente; tiene que ser utilizado. Si se encuentra a alguien bebiendo té, es un pecador. Está cometiendo un crimen, mucho más que un crimen, porque un pecado es algo mucho más profundo que un crimen. Si alguien es encontrado....

Y la gente solía beber té. Bebían té a escondidas; tenían que esconderse. Sólo para beber té tenían que ser ladrones, engañadores, ¡hipócritas! Eso es lo que vuestras llamadas religiones han hecho a millones de personas. En lugar de hacerlos espirituales simplemente los han convertido, los han reducido a hipócritas.

Fingían que no bebían té, pero de vez en cuando los encontraban con las manos en la masa. Y Gandhi buscaba, buscaba; tenía agentes plantados para averiguar quién iba contra las reglas. Y cada vez que encontraban a alguien lo llamaban... y Gandhi se ponía en ayunas para castigarse.

"¿Qué lógica es ésta?", se preguntará. Es una lógica muy simple. En la India se sigue desde hace siglos. El truco está en que Gandhi solía decir: "Todavía no debo ser un Maestro perfecto, por eso un discípulo puede engañarme. Así que debo purificarme. Podrías engañarme porque todavía no soy perfecto. Si fuera perfecto nadie podría engañarme. ¿Cómo puedes imaginar engañar a un Maestro perfecto? Así que hay algo de imperfección en mí".

¡Mira qué humildad! Y se torturaba a sí mismo; ayunaba. Ahora Gandhi está ayunando porque tú te has tomado una taza de té. ¿Cómo te sentirás TÚ? Sus tres días de ayuno para ti, ¡sólo por una taza de té! Será demasiado pesado para ti. Si te hubiera golpeado en la cabeza no habría sido tan pesado. Si te hubiera insultado, castigado o mandado ayunar tres días, habría sido mucho más sencillo y compasivo. Pero el propio anciano está ayunando, torturándose, y tú eres condenado por todos los ojos del ashram. Todos te miran como a un gran pecador: "Es por TU culpa que el Maestro está sufriendo. ¿Y sólo por una taza de té? ¡Qué bajo has caído!"

Y la persona iba y le tocaba los pies y lloraba y lloraba, pero Gandhi no le escuchaba. Tenía que purificarse.

Todo esto es violencia; yo no lo llamo no violencia. Es violencia con venganza, pero de una forma tan sutil que es muy difícil de detectar. Incluso Gandhi puede no haber sido consciente en absoluto de lo que estaba haciendo, porque no estaba practicando la conciencia, estaba practicando la no violencia.

Puedes seguir practicando... entonces hay mil y una cosas que practicar. ¿Y cuándo podrás salir de todo lo que está mal en tu vida? Tardarás un tiempo inimaginable. Y entonces, también, ¿crees que estarás fuera de ello? No es posible; no saldrás de ello.

Nunca he visto a nadie llegar a la verdad mediante el autocultivo. De hecho, las personas que recurren al autocultivo no son muy inteligentes porque no han comprendido lo más fundamental: que no vamos a ninguna parte, que Dios no es algo que haya que alcanzar; Dios ya es la CASE que hay en ti. Estás preñado de Dios, estás hecho de la materia llamada Dios. No hay nada que conseguir, sólo una cierta conciencia, una conciencia de uno mismo.

En Nueva York hay una tienda insólita donde se pueden comprar alimentos exóticos de todo el mundo.

Mulla Nasruddin visitó esta tienda hace poco. Encontró raras frutas tropicales de las selvas de Sudamérica y muchas delicias extrañas de África y Oriente Medio.

En una esquina encontró un mostrador con varias bandejas de cerebros humanos. Había cerebros de políticos a un dólar la libra, cerebros de ingenieros a dos dólares la libra, y había una bandeja de cerebros de santos a cincuenta dólares la libra.

Como todos los cerebros se parecían mucho, le preguntó al hombre que estaba detrás del mostrador: "¿Por qué cobra tanto más por los cerebros de los santos?".

El hombre se asomó por detrás de sus gafas y respondió: "¿Tiene idea de cuántos santos tenemos que pasar para conseguir una libra de sesos?".

Mi observación de tus supuestos santos es exactamente la misma. No creo que sean personas muy inteligentes, básicamente estúpidas, porque a menos que uno sea estúpido no puede seguir el camino del auto-cultivo. Aparece sólo como un camino, pero no lo es. Y es tedioso y largo; de hecho, es interminable.

Puedes cambiar un hábito y empezará a imponerse en otra cosa. Puedes cerrar una puerta e inmediatamente se abre otra. En el momento en que cierras esa puerta, una tercera se abrirá, porque básicamente sigues siendo el mismo, la misma persona inconsciente de siempre. Tratando de ser humilde simplemente te estarás volviendo más y más egoísta y nada más. Tu humildad será simplemente una nueva forma de satisfacer tu ego. En el fondo te imaginaras que eres la persona mas humilde del mundo—no hay nadie mas humilde que tu. Ahora, este es el ego hablando un nuevo lenguaje, pero el significado es el mismo. El lenguaje cambia pero el significado es el mismo; traducido a un lenguaje diferente no cambia. Primero eras el hombre más grande del mundo, ahora eres el hombre más humilde del mundo, pero sigues siendo especial, sigues siendo extraordinario, sigues siendo superior. Primero eras esto, ahora eres aquello, pero en el fondo nada ha cambiado. Nada puede cambiar mediante el autocultivo.

Un hombre gastó miles de dólares yendo de médico en médico tratando de encontrar una cura para su insomnio. Finalmente, un médico pudo ayudarle.

"Debes de estar terriblemente aliviado", dijo uno de sus amigos con simpatía.

"¡Tú lo has dicho!", respondió el antiguo insomne. "Vaya, a veces me paso la noche en vela pensando en cómo sufría".

Entonces, ¿qué ha cambiado? El autocultivo sólo te da un engaño: el engaño de que algo está sucediendo, de que estás haciendo algo, de que algo grande está en camino; de que si no es hoy, mañana va a suceder.

Hornstein fabricaba abrigos, pero el negocio iba tan mal que el pobre hombre no podía dormir.

"Contar ovejas", le aconsejó Slodnick, su amigo. "Es la cura más conocida".

"¿Qué puedo perder?", dijo Hornstein. "Lo intentaré esta noche".

A la mañana siguiente parecía más somnoliento que nunca.

"¿Qué ha pasado?", preguntó Slodnick.

"Ovejas que podía contar", gimió Hornstein. "Conté hasta cincuenta mil. Luego esquilé las ovejas y confeccioné cincuenta mil abrigos. Luego vino el problema que me mantuvo despierto todo el resto de la noche: ¿de dónde podía sacar cincuenta mil forros?".

Nada de eso va a ayudar porque si la MENTE es la misma, seguirá creando el mismo problema de diferentes maneras. Basicamente las raices tienen que ser transformadas; solo podar las hojas no va a ayudar. Y el auto-cultivo es solo podar las hojas.

DECÍAN LOS ANTIGUOS:

"(EL AUTO)CULTIVO LLEVA UN TIEMPO INIMAGINABLE (MIENTRAS QUE) LA ILUMINACIÓN EN UN INSTANTE SE ALCANZA".

LA ILUMINACIÓN SE ALCANZA EN UN SOLO MOMENTO. ¿Por qué? Porque ya estás iluminado. Simplemente lo has olvidado. Tienes que recordarlo, eso es todo.

La función del Maestro es recordarte, no darte un camino sino darte un recuerdo; no darte métodos de cultivo, no darte un carácter, una virtud, sino sólo conciencia, inteligencia, despertar.

En un momento se puede alcanzar porque nunca lo has perdido en primer lugar. Estás soñando que no estás iluminado. Puedes soñar que estás en el cielo, puedes soñar que estás en el infierno. Y lo sabes.—A veces sueñas que estás en el cielo y a veces en el infierno. Por la mañana puedes estar en el cielo y por la tarde puedes estar en el infierno. En un momento puedes estar en el cielo y en otro en el infierno. Todo depende de ti. Es algo que tiene que ver con tu psique; no es algo externo a ti.

Un hombre murió, llegó a las Puertas Perladas y San Pedro lo condujo a una sala de espera.

Se sentó allí, naturalmente ansioso por saber si sería enviado al Cielo o al Infierno.

La puerta se abrió y entró un santo famoso.

El hombre se regocijó: "¡Debo de estar en el Cielo!".

En ese momento la puerta se abrió de nuevo y entró una famosa prostituta. El hombre estaba confuso. "¡En ese caso debo de estar en el infierno!", pensó.

Mientras él seguía preguntándoselo, el santo agarró a la prostituta y empezó a hacerle el amor. El hombre, estupefacto, corrió hacia San

Pedro y le preguntó: "Tienes que decírmelo: ¿esto es el Cielo o el Infierno?".

"¿No lo ves?", respondió San Pedro. "¡Es el Cielo para él y el Infierno para ella!"

El cielo y el infierno no son geográficos; no son algo fuera de ti, son algo que pertenece a tu interioridad. Si estás despierto, entonces estás en un universo totalmente diferente; es como si en tu despertar toda la existencia se despertara. Toma un nuevo color, un nuevo sabor, una nueva fragancia. Cuando estás dormido, toda la existencia duerme contigo. Todo depende de ti.

Así que la cuestión no es cultivar ningún carácter, volverse virtuoso, convertirse en un santo. La cuestión es cómo salir de los sueños, cómo salir del pasado y del futuro, cómo ser simplemente ahora.

Eso es la iluminación... "¡AH, ESTO!"

Cuando Alicia estaba en la fiesta del té del Sombrerero Loco, se dio cuenta de que no había mermelada. Pidió mermelada y el Sombrerero Loco le dijo: "La mermelada se sirve en días alternos".

Alice protestó: "¡Pero si ayer tampoco hubo mermelada!".

"Así es", dijo el Sombrerero Loco. "La regla es: siempre atascar ayer y atascar mañana, nunca atascar hoy... ¡porque hoy no es un día cualquiera!".

Y así es como estás viviendo: mermelada ayer, mermelada mañana, nunca mermelada hoy. ¡Y ahí está el atasco! Así que sólo imaginas; sigues en un estado drogado y somnoliento. Has olvidado por completo que este momento es el ÚNICO momento real que existe. Y si quieres tener algún contacto con la realidad, ¡despierta ahora!

De ahí esa extraña idea del Zen de que la iluminación sucede en un instante. Mucha gente se queda perpleja: "¿Cómo puede suceder en un instante?". Los indios en particular se quedan muy perplejos porque tienen la idea de que primero hay que deshacerse de todos los karmas pasados, y ahora esta idea tonta ha llegado a Occidente. Ahora en Occidente se habla del karma pasado: primero hay que deshacerse del karma pasado.

¿Sabes lo largo que es el pasado? Es eterno. Y si quieres deshacerte de todo el karma del pasado, nunca te librarás de él, eso es seguro. Y mientras tanto estarás creando otros karmas, y el pasado seguirá haciéndose más y más grande cada día.

Si esa es la única salida -que uno tiene que deshacerse de todos los karmas pasados- entonces no hay posibilidad de iluminación. Entonces nunca ha habido ningún Buda y nunca va a haber ningún Buda; es imposible. Piensa en todas las vidas pasadas y en todos los karmas que has acumulado: primero tienes que deshacerte de ellos. ¿Y cómo vas a deshacerte de ellos? Al tratar de deshacerte de ellos tendrás que crear otros karmas. Y esto es un círculo vicioso.

"Y para estar totalmente iluminado", dicen las personas que creen en la filosofía del karma, "no sólo tienes que deshacerte de los karmas malos, también tienes que deshacerte de los karmas buenos—porque los karmas malos crean cadenas de hierro y los karmas buenos crean cadenas de oro. Pero las cadenas son cadenas, y tienes que deshacerte de todo tipo de cadenas". Ahora las cosas se complican aún más. ¿Y cómo puedes deshacerte de los malos karmas? Si les preguntas te dicen: "Crea buen karma para deshacerte de los malos karmas". ¿Y cómo puedes deshacerte de los buenos karmas? Entonces los santos se enfadan. Dicen: "¡Basta! Estás discutiendo demasiado. No se trata de discutir. Cree, confía, ten fe".

En realidad no se trata de deshacerse de los karmas. Cuando por la mañana te despiertas, ¿tienes que deshacerte primero de todos los sueños? Has sido un ladrón en sueños, un asesino, un violador o un santo... puedes ser todo tipo de cosas en un sueño. ¿Tienes que deshacerte primero de todos esos sueños? En el MOMENTO en que estás despierto estás fuera de todos esos sueños—¡han terminado! No es cuestión de deshacerse de ellos.

Ese es el mensaje esencial del Zen: que no necesitas preocuparte por los karmas pasados; todos fueron actos oníricos. Despierta y todo habrá terminado.

Pero somos personas somnolientas y todo lo que encaja con nuestro sueño tiene un gran atractivo. Sólo escuchamos según nuestro estado de ánimo. El mundo entero está dormido. Rara vez hay, de vez en cuando, una persona que no esté dormida, que esté despierta. Cuando te habla hay malentendidos, obviamente. Habla desde su punto de vista, desde su despertar, y te dice: "Olvídate de tus sueños, ¡son tonterías! Bueno y malo, todos son iguales; santo y pecador, todos son iguales. Simplemente, ¡despierta! No te preocupes de que primero tienes que convertirte en santo en tu sueño, de que primero tienes que cambiar tu ser pecador por ser santo, para luego poder despertar. ¿Por qué ir por un camino tan largo? Puedes despertar directamente. Puedes despertar mientras estás cometiendo un pecado; mientras estás asesinando a alguien en tu sueño puedes despertar. No hay ningún problema.

De hecho, si eres un santo puede que no te guste despertar. A un asesino le resultará más fácil despertarse porque no tiene nada que perder, pero el santo tiene un gran prestigio que perder. Tal vez le estén poniendo guirnaldas y le estén dando un premio Nobel y la gente le esté aplaudiendo y tocando los pies... y de repente suena la alarma. ¿Es éste el momento de la alarma? ¿No puede la alarma esperar un poco más? Cuando todo va tan bien y tan bonito, la alarma puede esperar un poco.

Un asesino no tiene nada que perder. Ya está sufriendo; está sumido en una profunda tortura interior. De hecho, se sentirá aliviado si salta la alarma. Sentirá una gran libertad al salir de esa pesadilla.

De ahí que ocurra más a menudo que los pecadores se despierten antes que los santos, porque los pecadores tienen pesadillas y los santos tienen dulces sueños. ¿Quién quiere despertarse cuando es un rey con un palacio de oro y disfrutando de todo tipo de cosas?

Puede que en tu sueño estés en el paraíso.

Pero una cosa es cierta: cuando estás dormido tienes un cierto lenguaje -el lenguaje del sueño- y puedes entender a otras personas que están dormidas y hablan el mismo lenguaje. Por eso la filosofía del karma se hizo tan importante, tan prevalente, tan dominante. Ha gobernado casi todas las religiones del mundo de diferentes maneras.

En la India ha habido tres grandes religiones: Hinduismo, Jainismo y Budismo. Discrepan en todos los puntos EXCEPTO en la filosofía del karma; discrepan en TODOS los puntos posibles. Discrepan en la existencia de Dios, discrepan incluso en la existencia del alma, discrepan en la existencia del mundo, pero no discrepan en la filosofía del karma. Debe tener algún atractivo profundo para la mente dormida. Y estas personas no pueden entender el Zen.

Cuando un pundit hindú o un MUNI jainista viene a verme, se queda muy perplejo. Me dice: "¿Está usted enseñando la iluminación instantánea y repentina? Entonces, ¿qué pasa con Mahavira, que tuvo que luchar durante muchas muchas vidas para iluminarse?".

Yo les digo: "Esas historias son inventadas por vosotros. El Mahavira del que TÚ hablas es una invención de tu sueño; no conoces al Mahavira real. ¿Cómo puedes conocer sus vidas pasadas? Ni siquiera conoces TUS vidas pasadas". Y ni siquiera hay acuerdo sobre su última vida entre sus seguidores, ¿qué decir de sus vidas pasadas?

Por ejemplo, si estaba casado o no: una secta de los jainas dice que no estaba casado, porque para ellos un hombre como Mahavira casado parece insultante, humillante. Y la otra secta de los jainas dice que no sólo estaba casado, sino que también tenía una hija. Eso es ir demasiado lejos, ¡tener una hija! Eso significa que debe haber tenido relaciones sexuales - porque en ese momento la historia de Jesús no había sucedido.

¡Aún no se conocía el nacimiento virginal!

No pueden ponerse de acuerdo... los discípulos no pueden ponerse de acuerdo sobre la última vida de Mahavira en cuestiones de hecho como el matrimonio, la hija, etcétera, ¡y hablan de sus vidas pasadas!

Cualquier cosa que te ayude a seguir durmiendo, posponiendo, apelando. "Incluso Mahavira tuvo que trabajar duro durante muchas muchas vidas, así que ¿cómo vamos a iluminarnos NOSOTROS en esta vida? Llevará muchas vidas, así que no hay necesidad de hacer nada ahora mismo. Podemos esperar. Y NO va a suceder ahora mismo de todos modos; tomará muchas muchas vidas. Mientras tanto, ¿por qué no hacer otras cosas? Acumular más dinero, prestigio, poder. Haz otras cosas: come, bebe, alégrate... porque esto no va a suceder, esta iluminación, ahora mismo; llevará muchas muchas vidas. Y mientras tanto no puedes quedarte sentado esperando; hay que hacer algo".

Las personas que duermen pueden entender un lenguaje que apele a su sueño. Sólo entendemos lo que desencadena algún proceso en nuestro ser.

Las Hermanas de la Misericordia estaban a punto de ser enviadas como misioneras al mundo del pecado.

La Madre Superiora tenía una última pregunta que hacer a cada monja antes de decidir cuál de ellas estaba mejor preparada para las peligrosas tareas que le aguardaban.

"Hermana Agatha", preguntó a la primera. "¿Qué haría usted si estuviera caminando por una calle desierta de noche y un hombre extraño se le acercara y le hiciera insinuaciones indecentes?".

"¡Oh, Santa Madre de Dios!", jadeó la monja. "¡Que todos los santos lo prohíban! Vaya, me pondría de rodillas y rezaría a la Santa Virgen para que mi alma se salvara".

La Madre Superiora observó que la Hermana Agatha podría ser más adecuada para un trabajo más doméstico.

La misma pregunta se le hizo a la Hermana Agnes, que respondió: "Pues le daría un puñetazo en la nariz... y luego empezaría a correr calle abajo lo más rápido que pudiera, gritando "¡Socorro, socorro!"".

La Madre Superiora señaló a la Hermana Agnes como una de las posibles candidatas para la obra misionera.

A continuación le preguntó a la Hermana Theresa, que empezó: "Bueno, primero le bajaría los pantalones....".

La Madre Superiora se atragantó un poco, pero la Hermana Teresa continuó. "Y entonces me subía el vestido, y luego...."

"Hermana Theresa", interrumpió la monja mayor. "¿Qué clase de respuesta es esa?"

"Bueno", dijo el otro, "¡simplemente me imagino que puedo correr más rápido con el vestido subido que él con los pantalones bajados!".

Sólo comprendemos lo que PODEMOS comprender. La humanidad dormida sólo puede comprender ciertas cosas; sólo puede OÍR ciertas cosas. Las otras cosas no se oyen o incluso si se oyen no se entienden; se malinterpretan.

El Zen ha sido muy malinterpretado. Te sorprenderá saber que ni siquiera los budistas entienden el Zen.

Muchos budistas ortodoxos me han preguntado por qué hago tanto hincapié en el zen, porque no es la principal tradición budista. Eso es cierto; la principal tradición budista está en contra del Zen. El Zen parece un poco extravagante, un poco excéntrico, por la sencilla razón de que te aporta una verdad totalmente nueva: La iluminación INSTANTÁNEA Nunca ninguna otra religión lo ha enfatizado tanto: que eres capaz de iluminarte ahora mismo—todo depende de ti.

SI EL ENTRENAMIENTO ES EFICIENTE, LA ILUMINACIÓN SE ALCANZARÁ EN UN CHASQUIDO DE DEDOS.

No existe un camino como tal, pero sí una cierta disciplina para despertarte. Eso se llama "entrenamiento". El entrenamiento no tiene nada que ver con tu carácter, sino con tu conciencia. Entrenamiento significa simplemente que hay que crear a tu alrededor un cierto espacio, un cierto contexto en el que despertarse sea más fácil que dormirse—igual que cuando quieres que alguien se despierte le echas agua fría en los ojos. No es que le enseñes a ser virtuoso, no es que le enseñes a ser no violento - esas cosas no le van a ayudar a estar despierto.

Pero el agua fría es un fenómeno totalmente diferente; eso es crear un contexto. O le das una taza de té; eso le ayuda a despertarse. O le dices que haga footing, que corra, que grite; eso le ayudará a despertarse más rápidamente.

Todos los métodos del Zen son así: te echan agua fría en los ojos, te golpean con un martillo en la cabeza. El Zen es totalmente diferente de otras religiones. No te da un carácter determinado; sin duda, te da un contexto.

EN TIEMPOS PASADOS, EL MAESTRO CH'AN HUI CHUEH DE LA MONTAÑA LANG YEH, TUVO UNA DISCÍPULA QUE ACUDIÓ A ÉL EN BUSCA DE INSTRUCCIÓN. EL MAESTRO LE ENSEÑO A EXAMINAR EN LA FRASE: "NO HAGAS CASO".

AHORA, ESTO ES CREAR UN CONTEXTO. El Maestro le dijo que meditara en esta pequeña frase: "No hagas caso". Y hay que meditar en ella en diferentes situaciones, en todas las situaciones posibles. No hay que olvidarla en ningún momento; hay que recordarla continuamente, pase lo que pase.

SIGUIÓ ESTRICTAMENTE SUS INSTRUCCIONES SIN RECAER.

UN DÍA SU CASA SE INCENDIÓ, PERO ELLA DIJO: "NO HAGAS CASO".

Esto es crear un contexto. Esto es entrenamiento real, esto es disciplina. La casa está en llamas y ella recuerda la instrucción: "No hagas caso". Es fácil cuando la casa no está en llamas y todo funciona bien, bien, y puedes sentarte en silencio en un pequeño rincón que has hecho en la casa para meditar—entonces puedes decir: "No hagas caso". Es fácil, pero no te va a despertar; puede que incluso te ayude a dormirte. Pero cuando la casa está en llamas es difícil, muy difícil. Tu posesividad está en juego, tu vida está en peligro, tu seguridad ha desaparecido. Puede que al día siguiente no seas más que un mendigo en la calle sin nada más Pero aquella mujer debía de ser una discípula de verdad.

ELLA DIJO: "NO HAGAS CASO".

Y no sólo lo dijo, sino que no le hizo caso. Se relajó, como si no pasara nada.

Y en el momento en que puedas ver tu casa en llamas y puedas verla como si no pasara nada, no pasará nada. La casa se quemará, pero saldrás de esa experiencia por primera vez con claridad, sin polvo en el espejo, con gran perspicacia. Todo está ardiendo. Toda la vida está en llamas porque estamos muriendo a cada momento. Nada es seguro, nada está a salvo. Sólo seguimos creyendo que todo es seguro. En este mundo de flujo y cambio, donde la muerte es el fin último de todo, ¿cómo puede haber seguridad?

Si puedes ver tu propia casa en llamas y seguir meditando en silencio, relajadamente, en un profundo let-go—no hagas caso—saldrás de ello como una persona totalmente diferente, con una nueva conciencia, renacido.

OTRO DÍA, SU HIJO SE CAYÓ AL AGUA Y CUANDO UN TRANSEÚNTE LA LLAMÓ, ELLA LE DIJO: "NO HAGAS CASO".

Ahora aún más difícil - porque una casa es, después de todo, una cosa muerta. Podemos hacer otra casa, se puede volver a ganar dinero. Pero tu hijo cae al agua, se está ahogando... esta es una situación más difícil, más apego—tu propio hijo. Y para la madre, el hijo es su extensión, parte de ella, parte de su alma, de su ser. Aún así, ella dice: "No hagas caso".

ELLA OBSERVÓ EXACTAMENTE LA INSTRUCCIÓN DE SU MAESTRO DEJANDO DE LADO TODOS LOS PENSAMIENTOS CASUALES.

Si esto es posible... porque estos son los dos problemas del mundo: la posesividad de las cosas y la relación con las personas. Estos son TUS problemas tambien. Ahi es donde la gente esta dormida: o son posesivos con las cosas o estan en relaciones pesadas con la gente. Estos son los dos puntos que te mantienen nublado, confundido, inconsciente.

Ha superado las dos pruebas. Y si puedes pasar estas dos cosas: si puedes ser consciente de que no posees nada.... Úsalo todo pero no poseas nada, y relaciónate con la gente pero no formes parte de ninguna relación.

Relacionarse es una cosa, relacionarse es otra. Relacionarse no te lleva a ninguna esclavitud; la relación es una esclavitud. Ama a la gente, pero no seas celoso, no seas posesivo.

Relaciónate con tanta gente como sea posible, pero mantente libre y deja que ellos también se liberen de ti.

No intentes dominar y tampoco permitas que nadie te domine.

Usa las cosas, pero recuerda: vienes al mundo con las manos vacías y te irás del mundo otra vez con las manos vacías, así que no puedes poseer nada.

Si estas dos percepciones se vuelven claras y empiezas a no tomar nota, todos los pensamientos casuales desaparecerán de tu mente. Y todos los pensamientos son casuales, ningún pensamiento es esencial. Lo esencial es el silencio; todos los pensamientos son casuales. Cuando los pensamientos desaparecen, lo esencial emerge. El gran silencio estalla en una tremenda melodía. Y esa experiencia es liberadora, esa experiencia es divina.

UN DÍA, MIENTRAS SU MARIDO ENCENDÍA EL FUEGO PARA HACER BUÑUELOS DE MASA RETORCIDA, ELLA ECHÓ EN LA SARTÉN LLENA DE ACEITE (VEGETAL) HIRVIENDO UNA MASA QUE HIZO RUIDO.

AL OÍR EL RUIDO, SE ILUMINÓ AL INSTANTE.

ESO ES LO QUE YO LLAMO... si estás preparado, si el contexto está preparado, entonces CUALQUIER COSA puede desencadenar el proceso de iluminación... CUALQUIER COSA. Simplemente:

AL OÍR EL RUIDO, SE ILUMINÓ AL INSTANTE.

No ocurría nada especial, sólo un ruido ordinario. Te encuentras con ese tipo de ruido todos los días, muchas veces. Pero si se da el contexto adecuado, estás en un espacio adecuado... y ella estaba en un espacio adecuado: no posesivo, no relacionado con nada, con ninguna persona, no dominante. Estaba en un estado de liberación, justo en el límite. Un paso más y entraría en el mundo de los Budas. Y ese pequeño paso puede ser causado por cualquier cosa.

AL OÍR EL RUIDO....

Ese ruido se convirtió en la última alarma, la gota que colmó el vaso.

...SE ILUMINÓ AL INSTANTE. ENTONCES TIRÓ LA SARTÉN DE ACEITE AL SUELO, DIO UNA PALMADA Y SE ECHÓ A REÍR.

¿Por qué hizo eso: ¿APLAUDIÓ Y SE RIÓ? Cuando uno se ilumina, la risa es casi un subproducto natural; surge espontáneamente—por la sencilla razón de que hemos estado buscando y buscando durante vidas algo que ya estaba ahí dentro. Todo nuestro esfuerzo era ridículo. Todo nuestro esfuerzo era absurdo.

Uno se ríe de la gran broma cósmica. Uno se ríe del sentido del humor que debe tener Dios o la existencia: que ya lo tenemos con nosotros y lo estamos buscando. Uno se ríe de sus propios esfuerzos ridículos, largos viajes, peregrinaciones, por algo que nunca se perdió en primer lugar. De ahí las risas, de ahí los aplausos.

PENSANDO QUE ESTABA LOCA, SU MARIDO LA REGAÑÓ Y LE DIJO...

Y, por supuesto, cualquiera que todavía esté dormido y vea a alguien iluminarse de repente, aplaudiendo y riendo, pensará que esa persona se ha vuelto loca. Este avance le parecerá a la persona dormida como un colapso; no es un colapso. Pero la persona dormida no puede evitarlo; sólo puede comprender según sus valores, criterios.

...LA REGAÑÓ Y LE DIJO: "¿POR QUÉ HACES ESTO? ¿ESTÁS LOCA?"

ELLA RESPONDIÓ: "NO HAGAS CASO".

Continúa: su meditación sigue ahí. Sigue las instrucciones de su Maestro hasta el final. El marido la llama loca y ella dice: "No hagas caso".

El mundo te llamará loco. El mundo siempre ha llamado locos a los Budas. No hagas caso. Es natural; debe aceptarse como algo natural.

LUEGO FUE A VER AL MAESTRO HUI CHUEH Y LE PIDIÓ QUE VERIFICARA SU LOGRO.

LAS FUNCIONES DEL MAESTRO SON MUCHAS. Primero: ayudarte a despertar, provocarte el despertar; crear la situación en la que el sueño se hace cada vez más difícil y el despertar cada vez más fácil; y cuando por primera vez ESTÁS despierto, confirmarlo, porque es muy difícil para la propia persona. El territorio es muy desconocido. El ego se ha perdido, todos los viejos valores han desaparecido, la vieja mente ya no funciona. Todo es tan nuevo; nada parece tener continuidad con lo antiguo. Parece que no hay forma de juzgar, de evaluar, de estar seguro. Uno se siente profundamente asombrado y maravillado. Uno no sabe lo que está pasando, lo que ha pasado, de qué va todo esto. Uno está simplemente perdido.

De ahí que la última función del Maestro sea confirmar, decir: "Sí, esto es".

EL MAESTRO LE CONFIRMÓ QUE HABÍA OBTENIDO EL FRUTO SAGRADO.

La gente del Zen llama a esto "el fruto sagrado", la fructificación, el florecimiento: llegar al despertar último, llegar a la experiencia última de ti mismo y de la existencia. Pero recuerda:

sólo puede suceder en el instante. Sólo puede suceder en el instante. Sólo puede suceder ahora... ahora o nunca.

Te preguntarás: "Entonces, ¿por qué todos estos métodos, entrenamientos?". Son sólo para traerte de vuelta al ahora. Te has ido demasiado lejos en los recuerdos y en la imaginación. No son para crear ningún cultivo; no son para el autocultivo sino para traerte de vuelta a casa.

Aquí utilizamos todo tipo de métodos, y a medida que vaya llegando más gente iremos ideando nuevos métodos, porque cada persona necesitará métodos diferentes. En la nueva comuna vamos a tener todos los métodos posibles. Nunca se ha intentado a tal escala. Cada religión tiene algunos métodos, pero nosotros vamos a tener TODOS los métodos de todas las religiones del pasado y de todas las religiones que van a suceder en el futuro.

Vamos a crear un espacio para TODOS los tipos de personas, no para ninguno en particular. Las viejas religiones están desaparecidas en ese sentido.

Por ejemplo, sólo un tipo particular de persona puede ser ayudada por los métodos de Mahavira—sólo el tipo que pertenece al tipo de Mahavira puede ser ayudado. Es una metodología muy limitada. Mahavira alcanzó el fruto sagrado; enseñó el mismo método por el que él lo alcanzó. Jesús tenía su propio método, Mahoma tenía su propio método. Así que ninguna religión del pasado podía ser universal porque pertenecía a un cierto tipo y sólo ese tipo podía ser beneficiado por ella.

De ahí que haya surgido un problema: puedes haber nacido en una familia Jaina y no ser del mismo tipo al que el método Jaina puede ayudar. Entonces estás en una dificultad; toda tu vida será un desperdicio. Probarás el método, pero no te convendrá y no cambiarás de método. Pensarás que es debido a tus karmas pasados que el método no funciona, que llevará tiempo. Lo racionalizarás. Puede que hayas nacido en una familia hindú y que los métodos hindúes no funcionen.

Hay tantos tipos de personas en el mundo, y a medida que el mundo ha crecido y las conciencias de las personas han crecido, más y más tipos nuevos, más y más mestizajes han surgido que nunca existieron antes - que nunca existieron en la época de Mahavira, que nunca existieron en la época de Krishna. Hay muchos tipos nuevos, cruces. Y en el futuro esto va a suceder más y más; el mundo se está convirtiendo en una pequeña aldea.

Mi esfuerzo consiste en utilizar todos los métodos del pasado, actualizarlos, hacerlos contemporáneos y crear nuevos métodos para el futuro, para el futuro de la humanidad.

Por lo tanto, lo que enseño no es ni hinduismo ni budismo ni cristianismo y, sin embargo, enseño la esencia de todas las religiones.

No estás aquí para cultivar un determinado ego espiritual, sino para disolver todo el ego, para disolver todo el sueño. Estás aquí para despertar. La situación está siendo creada—utiliza esta situación tan totalmente como sea posible.

Recuerda a esa mujer que meditaba: "No hagas caso". Esa totalidad es necesaria.

La casa está ardiendo y ella dice: "No hagas caso". Su hijo se cae al agua y ella dice: "No hagas caso". Su marido la llama loca y ella dice: "No hagas caso". Entonces, una meditación tan sencilla -la de no hacer caso- crea el entorno necesario en el que ella se vuelve ardiente, en llamas. Su ser interior explota. Ya no es la misma persona de siempre; ha renacido. Renace como iluminada. Se convierte en Buda.

Todos sois Budas: durmiendo, soñando, pero sois Budas al fin y al cabo. Mi función no es HACER Budas de vosotros, porque ya lo sois, sino sólo ayudaros a recordarlo, a recordároslo.

¡Ah, esto!

No saber es lo más íntimo

La primera pregunta
MAESTRO,
¿ES LA CONCIENCIA UN VALOR SUPERIOR AL AMOR?
Virendra,
EL PICO MÁS ALTO ES LA CULMINACIÓN de todos los valores: verdad, amor, conciencia, autenticidad, totalidad. En el pico más alto son indivisibles. Sólo están separados en los valles oscuros de nuestra inconsciencia. Sólo están separados cuando están contaminados, mezclados con otras cosas. En el momento en que se vuelven puras, se convierten en una; cuanto más puras, más se acercan la una a la otra.

Por ejemplo, cada valor existe en muchos planos; cada valor es una escalera de muchos peldaños.

El amor es lujuria - el peldaño más bajo, que toca el infierno; y el amor es también oración - el peldaño más alto, que toca el paraíso. Y entre estos dos hay muchos planos fácilmente discernibles.

En la lujuria, el amor es sólo el uno por ciento; el noventa y nueve por ciento son otras cosas: celos, viajes del ego, posesividad, ira, sexualidad. Es más físico, más químico; no tiene nada más profundo que eso. Es muy superficial, ni siquiera es superficial.

A medida que se asciende, las cosas se vuelven más profundas, empiezan a tener nuevas dimensiones. Lo que era sólo fisiológico empieza a tener una dimensión psicológica. Lo que no era más que biología empieza a convertirse en psicología. Compartimos la biología con todos los animales; no compartimos la psicología con todos los animales.

Cuando el amor llega aún más alto -o más profundo, que es lo mismo-, empieza a tener algo de espiritual. Se vuelve metafísico. Sólo los Budas, Krishnas, Cristos, conocen esa cualidad del amor.

El amor se extiende por todas partes, al igual que los demás valores. Cuando el amor es cien por cien puro no puedes hacer ninguna distinción entre el amor y la conciencia; entonces ya no son dos. Ni siquiera puedes distinguir entre el amor y Dios; ya no son dos.

De ahí la afirmación de Jesús de que Dios es amor. Los hace sinónimos. Hay una gran perspicacia en ello.

En la periferia todo parece separado de todo lo demás; en la periferia la existencia es múltiple. A medida que te acercas al centro, la multiplicidad empieza a fundirse, a disolverse, y comienza a surgir la unidad. En el centro, todo es uno.

De ahí que tu pregunta, Virendra, sea correcta sólo si no comprendes la cualidad más elevada del amor y la consciencia. Es absolutamente irrelevante si vislumbras el Everest, el pico más alto.

Usted pregunta: ¿ES LA CONCIENCIA MÁS VALIOSA QUE EL AMOR?

No hay nada superior ni inferior. De hecho, no hay dos valores en absoluto. Son los dos caminos del valle que conducen a la cima. Un camino es el de la conciencia, la meditación: el camino del Zen del que hemos estado hablando estos días. Y el otro es el camino del amor, el camino de los devotos, los BHAKTAS, los sufíes. Estos dos caminos están separados cuando empiezas el viaje; tienes que elegir. Cualquiera que elijas te llevará a la misma cima. Y a medida que te acerques a la cima te sorprenderás: los viajeros del otro camino se acercan a ti. Poco a poco, los caminos empiezan a fundirse entre sí. Para cuando hayas llegado al final, serán uno solo.

La persona que sigue el camino de la consciencia encuentra el amor como una consecuencia de su consciencia, como un subproducto, como una sombra. Y la persona que sigue el camino del amor encuentra la conciencia como consecuencia, como subproducto, como sombra del amor. Son las dos caras de la misma moneda.

Y recuerda: si tu consciencia carece de amor, entonces todavía es impura; todavía no ha conocido la pureza al cien por cien. Todavía no es REALMENTE conciencia; debe estar mezclada con inconsciencia. No es luz pura; debe haber bolsas de oscuridad dentro de ti que aún trabajan, funcionan, te influyen, te dominan. Si tu amor no es consciente, entonces todavía no es amor. Debe ser algo inferior, algo más cercano a la lujuria que a la oración.

Así que deja que sea un criterio si sigues el camino de la consciencia, deja que el amor sea el criterio. Cuando tu consciencia florezca de repente en amor, sabe perfectamente que la consciencia ha sucedido, SAMADHI ha sido alcanzado. Si sigues el camino del amor, entonces deja que la consciencia funcione como un criterio, como una piedra de toque. Cuando de repente, de la nada, en el centro mismo de tu amor, comienza a surgir una llama de consciencia, sabe perfectamente... ¡alégrate! Has vuelto a casa.

La segunda pregunta

¿POR QUÉ, MAESTRO, EL CONOCIMIENTO DE LAS ESCRITURAS NO ES ÚTIL PARA ENCONTRAR LA VERDAD?

Maneeshi,

EL CONOCIMIENTO NO ES TUYO, POR ESO. Es prestado. ¿Y puedes tomar prestada la verdad? La verdad es intransferible; nadie puede dártela. Ni siquiera un Maestro vivo puede transmitírtela. Se puede aprender, pero no se puede enseñar. Entonces, ¿qué decir de las escrituras muertas, por muy sagradas que sean? Deben haber venido de alguna fuente original; algún Maestro, alguien despierto debe haber estado en la fuente misma de ellas—pero ahora son sólo palabras. Son sólo palabras sobre la verdad, información sobre la verdad.

Estar con Krishna es algo totalmente distinto a leer la Bhagavad Gita. Estar con Mahoma, en sintonía, en profunda armonía, imbricado con su ser, permitiendo que su ser agite y mueva tu corazón, es una cosa. Y sólo leer el Corán es un grito muy, muy lejano; es un eco en las montañas. No es la verdad en sí; es un reflejo, una luna llena reflejada en el lago. Si saltas al lago no llegarás a la luna; de hecho, si saltas al lago incluso el reflejo desaparecerá. Las escrituras son sólo espejos que reflejan verdades lejanas.

Ahora bien, los Vedas existen desde hace al menos cinco mil años; reflejan algo de cinco mil años de antigüedad. Se ha acumulado mucho polvo en el espejo, muchas interpretaciones, comentarios, eso es lo que quiero decir con polvo. Ahora no puedes saber exactamente lo que dicen los Vedas; sólo conoces a los comentaristas, a los intérpretes, y son miles. Hay un grueso muro de comentarios y es imposible dejarlo de lado. Conocerás sólo la verdad SOBRE, y no sólo eso: conocerás comentarios e interpretaciones de gente que no ha experimentado en absoluto.

El conocimiento se imparte con otros fines. Sí, existe la posibilidad de impartir conocimiento sobre el mundo porque el mundo está fuera de ti, es objetivo. La ciencia es conocimiento; ciencia, la propia palabra, significa exactamente conocimiento. Pero la religión no es conocimiento.

La religión es experiencia, por la sencilla razón de que todo su interés es tu interioridad, tu subjetividad, que sólo está disponible para ti y para nadie más. No puedes invitar ni siquiera a tu amado a tu interior. Allí estás completamente solo, y allí reside la verdad.

El conocimiento seguirá mejorando, decorando y enriqueciendo tu memoria, pero no tu ser. Tu ser es un fenómeno totalmente diferente. De hecho, el conocimiento creará barreras. Hay que desaprender todo lo que se ha aprendido, sólo entonces se alcanza el ser.

Hay que ser inocente No saber es lo más íntimo. Saber crea distancia.

Me preguntas, Maneeshi: ¿POR QUÉ EL CONOCIMIENTO DE LAS ESCRITURAS NO ES ÚTIL PARA ENCONTRAR LA VERDAD?

Por la sencilla razón de que si acumulas conocimientos estarás empezando a creer en conclusiones. Ya concluirás qué es la verdad sin CONOCERLA, y tu conclusión se convertirá en el mayor obstáculo. Hay que acercarse a la verdad en total desnudez, en total pureza, en silencio, en un estado de inocencia, de asombro y admiración infantil; sin saber ya, sin estar lleno de la basura llamada conocimiento, sin estar lleno de los Vedas y las Biblias y los Coranes, sino en total silencio... sin ningún pensamiento, sin ninguna conclusión, sin saber nada acerca de la verdad. Cuando te acercas de esta manera, de repente la verdad se revela. Y la verdad se revela aquí y ahora: "¡AH, ESTO!" Un gran regocijo comienza a suceder dentro de ti.

La verdad no está separada de ti; es tu núcleo más íntimo. Así que no necesitas aprenderla de otra persona. Entonces, ¿cuál es la función de los Maestros?

La función de los Maestros es ayudarte a soltar tu conocimiento, ayudarte a desaprender, ayudarte hacia un estado de incondicionamiento. Tu conocimiento significa que siempre estarás mirando a través de una cortina y esa cortina lo distorsionará todo. Y el conocimiento está muerto.

Se necesita conciencia, se necesita saber, se necesita un estado de visión, pero no conocimiento. ¿Cómo se puede conocer lo vivo a través de lo muerto?

Un hombre subió a un autobús muy lleno. Al cabo de un rato, se sacó el ojo de cristal, lo lanzó al aire y se lo volvió a poner. Diez minutos después, volvió a sacarse el ojo de cristal, lo lanzó al aire y se lo volvió a poner.

La señora que estaba a su lado se horrorizó. "¿Qué estás haciendo?", gritó.

"Sólo intento ver si hay sitio delante".

Eso es el conocimiento: un ojo de cristal. No se puede ver a través de él, es imposible ver a través de él.

Abandona todas tus conclusiones: hindúes, cristianas, mahometanas, jainistas, judías. Abandona todo el conocimiento que se te ha impuesto. Todos los niños han sido envenenados, envenenados por el conocimiento, envenenados por los padres, la sociedad, la iglesia, el estado. Cada niño ha sido distraído de su inocencia, de su no-saber. Y es por eso que cada niño, poco a poco, se vuelve tan agobiado que pierde toda alegría de vivir, todo éxtasis de ser, y se vuelve igual que la multitud, parte de la multitud.

De hecho, en el momento en que un niño está perfectamente condicionado por ti, te sientes muy feliz; lo llamas "educación religiosa". Estáis muy contentos de que el niño haya sido iniciado en la religión de sus padres. Todo lo que habéis hecho es destruir su capacidad de saber por sí mismo. Han destruido su autenticidad. Has destruido su preciosa inocencia. Le has cerrado puertas y ventanas. Ahora vivirá una existencia encapsulada. Vivirá en su oscuridad interior, rodeado de todo tipo de teorías estúpidas, sistemas de pensamiento, filosofías, ideologías. Estará perdido en una jungla de palabras y no podrá salir de ella fácilmente.

Incluso si se encuentra con un Maestro, si conoce a un Buda, entonces también tardará años en desaprender, porque el aprendizaje se convierte casi en tu sangre, tus huesos, tu médula.

E ir contra tu propio conocimiento parece que es ir contra ti mismo, contra tu tradición, contra tu país, contra tu religión. Parece como si fueras un traidor, como si estuvieras traicionando. De hecho, tu sociedad te ha traicionado, ha contaminado tu alma.

Todas las sociedades lo han hecho hasta ahora, y todas lo han hecho con mucho éxito. Por eso es tan raro encontrar un Buda; es tan raro escapar de las trampas que la sociedad pone alrededor del niño. Y el niño es tan inconsciente; puede ser fácilmente condicionado, hipnotizado. Y eso es lo que ocurre una y otra vez en los templos, en las iglesias, en las escuelas, colegios, universidades. Todos ellos sirven al pasado; no sirven al futuro. Su función es perpetuar el pasado, el pasado muerto.

Mi trabajo aquí es justo lo contrario. No estoy aquí para perpetuar el pasado; por eso estoy en contra de todo conocimiento. Estoy a favor de aprender, pero aprender significa inocencia, aprender significa apertura, aprender significa receptividad. Aprender significa un enfoque no egoísta de la realidad. Aprender significa: "No sé y estoy preparado... preparado para saber". Conocimiento significa: "Ya lo sé". El conocimiento es el mayor engaño que la sociedad crea en la mente de las personas.

Mi función es servir al futuro, no al pasado. El pasado ya no existe, pero el futuro llega a cada instante. Quiero que os convirtáis en inocentes, videntes, conocedores -no entendidos-, alerta, conscientes, sin aferraros inconscientemente a conclusiones.

La tercera pregunta
MAESTRO,
¿POR QUÉ TARDO TANTO EN CONSEGUIRLO?
Pankaja,
ES GRACIAS A SUS CONOCIMIENTOS. Pankaja ha escrito muchos libros, ha sido una autora muy conocida. Y aquí le he dado el trabajo de limpieza. Al principio fue muy doloroso para su ego. Seguro que esperaba que algún día le dieran el premio Nobel. Y se preguntaba qué hacía aquí. Sus libros han sido elogiados y apreciados, y en lugar de darle un trabajo que alimente su ego, le he dado un trabajo que lo destroza todo: limpiar los aseos del ashram. Fue difícil para ella tragárselo, pero es un alma valiente, se lo tragó. Y poco a poco se ha ido relajando.

Pankaja, no es especial para ti; a todo el mundo le lleva tiempo. Y cuanto más éxito has tenido en la vida, más te cuesta conseguirlo, porque tu éxito no es más que un accesorio, un nuevo accesorio para el ego, y el ego es la barrera. El ego tiene que ser destrozado, desarraigado totalmente, aplastado, quemado, para que no quede nada de él. Es un trabajo arduo, un trabajo duro.

Y a veces parece que el Maestro es cruel. Pero el Maestro tiene que ser cruel porque te ama, porque siente compasión por ti. Puede parecer paradójico al principio, porque si tiene compasión, entonces no puede ser cruel. Esa es la complejidad del trabajo: que si el Maestro es realmente compasivo no puede simpatizar con nada que alimente tu ego.

Así que he estado por todos los medios destrozando el ego de Pankaja. Ella ha estado llorando y llorando y enloqueciendo... pero poco a poco las cosas se han calmado. La tormenta no es más y un gran silencio ha venido adentro.

De hecho, si piensas en tus muchas vidas pasadas -un sueño tan largo, un sueño tan largo-, entonces estar aquí conmigo durante dos o tres años no es mucho tiempo si el silencio ha empezado a impregnar tu ser. Incluso si ocurre dentro de treinta años, está ocurriendo pronto.

Mucha gente acude a mí y me pregunta: "Maestro, ¿cuándo va a ocurrir mi satori?".

Digo "muy pronto", pero recuerden lo que quiero decir con "muy pronto". Puede llevar treinta años, cuarenta años, cincuenta años, pero eso es muy pronto. Mirando vuestro largo viaje de oscuridad, si en treinta años podemos crear la luz es realmente tan rápido como puede ser.

Pero las cosas suceden mucho más deprisa. Aquí se están creando todas las situaciones para que los procesos se aceleren. No es demasiado tarde, Pankaja, es demasiado pronto. Y puedo ver el cambio que se está produciendo. La primavera no está lejos; ya han aparecido las primeras flores.

De hecho, ésta era tu vocación, pero te costó muchos años de tu vida llegar hasta mí. Lo que hacías antes de venir a mí no formaba realmente parte de tu corazón; era sólo un viaje mental, por lo que no era una realización. Podías llegar a tener éxito; famoso, sí, eso era posible. Pero no habria sido una satisfaccion, no habria sido una alegria profunda—porque a menos que algo que pertenece a tu corazon comience a crecer, la satisfaccion no es posible, la realizacion no es posible.

Ahora estás en el buen camino. Ahora las cosas sucederán a un ritmo más rápido. La velocidad también es acumulativa. Si has observado la primavera, primero florece una sola flor, y luego diez flores, luego cientos de flores, y luego miles, y luego millones....

Lo mismo ocurre con el crecimiento espiritual. Pero todo el mundo tropieza en la oscuridad, va a tientas en la oscuridad. Alguien se convierte en poeta sin saber si esa es su vocación, el verdadero deseo de su corazón. Alguien se convierte en músico sin saber si eso va a llenar su vida. Alguien se convierte en pintor.... Y la gente tiene que convertirse en algo; se necesita alguna ganancia y uno tiene que hacer algo para probarse a sí mismo. Así que la gente va a tientas y se convierte en algo.

Y tienes suerte, Pankaja, de haberte dado cuenta de que lo que hacías no era lo que realmente te interesaba. Hay mucha gente desafortunada—después de que sus vidas enteras son desperdiciadas, entonces reconocen que han estado en algo que no era su verdadero trabajo. Estaban haciendo el trabajo de otra persona.

He oído hablar de un cirujano famoso, uno de los cirujanos más famosos del mundo. Se estaba jubilando. Incluso a la edad de setenta y cinco años sus manos eran tan jóvenes como antes.

Era capaz de realizar operaciones cerebrales incluso a los setenta y cinco años; aún no le temblaban las manos.

Todo el mundo estaba contento -sus discípulos, alumnos, colegas- y lo celebraban.

Pero estaba triste. Alguien le preguntó: "¿Por qué estás triste? Eres el neurocirujano más famoso del mundo. Deberías estar contento".

Me dijo: "Sí, debería ser feliz, yo también lo creo, pero ¿qué puedo hacer? Para empezar, nunca quise ser un cirujano famoso. Quería ser bailarín, y soy el peor bailarín que se puede encontrar. Mi padre me obligó a ser cirujano, y en cierto modo tenía razón, porque bailando no se consigue nada. La sola idea le parecía una tontería, así que me obligó a ser cirujano. Me hice cirujano y me hice famoso. Ahora me jubilo, pero estoy triste: toda mi vida se ha ido por el desagüe. En primer lugar, nunca quise ser cirujano, así que ¿a quién le importa si soy famoso o no? Me habría encantado ser sólo una buena bailarina, aunque desconocida, anónima... con eso habría bastado".

Mientras interrogaba a un sospechoso, el detective de la policía hojeó la carpeta del hombre. "Veo aquí", dijo, "que tiene una serie de detenciones anteriores. Aquí hay una por robo a mano armada, allanamiento de morada, agresión sexual, agresión sexual....".

"Sí, señor", respondió modestamente el delincuente, "me llevó un tiempo descubrir lo que hago mejor".

Pankaja, has venido a mí en el momento adecuado. ¡Alégrate! ¡Celebrad! Y las cosas han comenzado a suceder. Eras como una roca dura cuando llegaste, ahora te estás volviendo suave como una flor. La primavera no está lejos.

La cuarta pregunta

MAESTRO,

LA MAYORÍA DE LAS RELIGIONES TIENEN UNA ACTITUD NEGATIVA HACIA EL TRABAJO, COMO SI FUERA UN CASTIGO Y UNA LABOR Y NADA ESPIRITUAL. ¿PODRÍA HABLARNOS MÁS SOBRE EL TRABAJO?

Parmananda,

LOS BUDDHAS SIEMPRE FUERON A FAVOR DE LA VIDA, pero las religiones que surgieron después han sido todas negativas para la vida. Es un fenómeno extraño, pero hay algo que debe entenderse: por qué ocurrió en primer lugar. Y sucedió una y otra vez.

Parece que en el momento en que un Buda habla está destinado a ser malinterpretado. Si no le entiendes, no pasa nada, pero la gente no se detiene ahí: le malinterpreta, porque la gente no puede tolerar la idea de que no le entienden. Es mejor malinterpretar que no comprender;

al menos tienes algún tipo de comprensión. Todos los Budas han sido malinterpretados, erróneamente interpretados. Y lo que representaban se ha olvidado en cuanto se han ido, y se ha organizado justo lo contrario.

Jesús era un amante de la vida, una persona muy afirmativa, pero el cristianismo es negativo para la vida. Los videntes de los Upanishads eran personas absolutamente afirmativas, amaban la vida tremendamente, pero el hinduismo es negativo para la vida, el budismo y el jainismo son negativos para la vida.

Basta con mirar la estatua de Mahavira para ver que debía de amar su cuerpo, debía de amar la vida y la existencia. ¡Es tan hermoso! Se dice de Mahavira que es posible que nunca antes y nunca más haya pisado la tierra una persona más bella. Pero mira a los MUNIS Jaina, los monjes Jaina, y los encontrarás los más feos.

¿Qué ha ocurrido?

Buda afirma mucho la vida. Por supuesto, no afirma TU vida, porque tu vida no es vida en absoluto; es muerte disfrazada. Él CONDENA tu vida, pero afirma la vida real, la vida eterna. Pero así es como se le malinterpretó Su condena de tu falsa vida fue tomada como una condena de la vida misma. Y a nadie le importó que estuviera afirmando la vida... la vida real, la vida eterna, la vida divina, la vida de los despiertos. Esa es la vida verdadera. ¿Qué vida tienes TÚ? Es sólo una experiencia de pesadilla. Pero los budistas, los monjes y monjas budistas, han vivido CONTRA la vida.

Parmananda, es debido a este malentendido, que parece ser inevitable.... Puedo ver que sucede conmigo. Todo lo que digo es inmediatamente malinterpretado en todo el mundo. Lo disfruto mucho. Es extraño, pero parece natural. En el momento en que dices algo puedes estar seguro de que va a ser malinterpretado, por la sencilla razón de que la gente va a interpretarlo de acuerdo con SUS mentes. Y sus mentes están profundamente dormidas. Oyen dormidas; no oyen bien, no oyen todo. Sólo oyen fragmentos.

Incluso un hombre como P.D. Ouspensky, que vivió con Gurdjieff durante años, no pudo escuchar toda la enseñanza tal como era. Cuando escribió su famoso libro EN BUSCA DE LO MILAGROSO y se lo mostró a George Gurdjieff, su Maestro, éste le dijo: "Es hermoso, pero necesita un subtítulo: FRAGMENTOS DE UNA ENSEÑANZA DESCONOCIDA".

Ouspensky dijo: "Pero, ¿por qué?—¿por qué fragmentos?"

Él dijo: "Porque éstos son sólo fragmentos. Lo que os he dicho no lo habéis oído en su totalidad. Y todo lo que habéis escrito es hermoso...."

Ouspensky fue realmente uno de los escritores más hábiles que el mundo ha conocido, muy artístico, muy lógico, un soberbio artista con las palabras.

Entonces dijo: "Has escrito bien, has escrito maravillosamente, pero sólo son fragmentos... y los fragmentos no pueden revelar la verdad. Al contrario, la ocultan.

Así que llámalo: FRAGMENTOS DE UNA ENSEÑANZA DESCONOCIDA. La enseñanza sigue siendo desconocida. Sólo has tenido unos pocos atisbos aquí y allá, y has juntado todos esos atisbos, de alguna manera has hecho un todo con ellos, pero no es la verdad, no es la verdadera enseñanza."

Ouspensky lo comprendió. De ahí que el libro siga llevando el subtítulo: FRAGMENTOS DE UNA ENSEÑANZA DESCONOCIDA.

¿Qué decir de la gente corriente? Ouspensky no puede ser llamado una persona ordinaria; era extraordinariamente inteligente. De hecho, fue gracias a él que Gurdjieff se hizo famoso en el mundo; de otro modo nadie habría oído hablar de él. Sus propios escritos son muy difíciles de entender. Hay muy pocas personas en el mundo que hayan leído SUS libros—son muy difíciles de leer. Gurdjieff escribe de tal manera que te dificulta de todas las formas posibles entender lo que está diciendo, lo que quiere decir.

Las frases siguen y siguen... cuando la frase llega a un punto final, ¡ya se ha olvidado el principio! Y utiliza palabras de su propia invención que no existen en ninguna parte; nadie sabe cuál es el significado de esas palabras. Ningún diccionario tiene esas palabras. De hecho, nunca existieron antes; él las inventó.

Y escribe de una forma tan aburrida que si sufres de insomnio son buenos, esos libros. Lees tres... cuatro páginas como mucho y te quedas dormido. Nunca me he encontrado con una sola persona que haya leído sus libros de principio a fin.

Cuando se publicó por primera vez su primer libro—TODO Y TODO—cien páginas estaban abiertas y las novecientas restantes aún no se habían cortado. Y con una nota se vendió el libro diciendo: "Lea las primeras cien páginas, la parte introductoria. Si aún tiene ganas de leer, puede abrir las demás páginas. Si no, devuelva el libro y recupere su dinero". Incluso leer esas cien páginas es muy difícil.

Era un dispositivo. Se necesita una gran conciencia para leerlo. El libro no está escrito para informarte sobre algo; el libro es sólo un dispositivo para hacerte consciente. Sólo puedes leerlo si eres muy consciente, si has decidido conscientemente: "Tengo que recorrerlo de principio a fin, y no voy a dormirme, y no voy a parar, pase lo que pase, y diga lo que diga mi mente voy a terminarlo".

Si tomas esa decisión... y es muy difícil mantenerla durante mil páginas de semejantes tonterías. Sí, aquí y allá hay hermosas verdades, pero entonces te encontrarás con esas verdades sólo si pasas por muchas tonterías. Encontrarás gemas, pero son pocas y distantes entre sí. De vez en cuando encontrarás un diamante, pero para ello tendrás que leer cincuenta o sesenta páginas muy aburridas.

He visto miles de libros, pero Gurdjieff es extraordinario Nadie he visto que pueda crear cosas tan aburridas. Pero él lo hace deliberadamente; ese era su método.

Si ibas a verle, lo primero que te decía era que leyeras cincuenta páginas de su libro en voz alta delante de él. Era la tarea más difícil. No entiendes ni una sola palabra, ni una sola frase, y sigue y sigue y sigue, y él sentado mirándote.

Tienes que terminar cincuenta páginas, entonces puedes ser aceptado como discípulo. Si no puedes realizar esta sencilla hazaña, serás rechazado.

Ouspensky lo hizo famoso en el mundo, pero ni siquiera Ouspensky pudo llegar al núcleo mismo de su enseñanza: sólo fragmentos. Y comprendió sólo en parte.

Y recuerda siempre: la verdad no puede dividirse en fragmentos; no puedes comprender sólo partes de ella. O la comprendes en su totalidad o no la comprendes en absoluto. Pero es muy difícil reconocer el hecho de que "no entiendo". Y la gente entendida -los eruditos, los profesores- no pueden aceptar que no entienden, así que siguen malinterpretando.

Y el error de interpretación más fatal ha sido que todas las enseñanzas afirmativas se han convertido en negativas. De hecho, vivís en una oscuridad negativa. Cuando Buda habla, lo hace desde un estado positivo de luz; cuando sus palabras llegan a ti, ya han alcanzado una oscuridad negativa. Tu oscuridad negativa cambia el color de esas palabras, el significado de esas palabras, las connotaciones de esas palabras, los matices de esas palabras. Y entonces TU creas la iglesia. Creas el cristianismo, el hinduismo, el mahometismo, el jainismo; creas todo tipo de "ismos" y creas todo tipo de religiones.

Sí, Parmananda, la mayoría de las religiones tienen una actitud negativa hacia el trabajo porque están en contra de la vida. Por lo tanto, no pueden estar A FAVOR del trabajo, no pueden ser creativas. Enseñan a renunciar a la vida, ¿cómo pueden enseñar creatividad? Y enseñan que la vida es un castigo, así que ¿cómo pueden decir que la vida es espiritual? Estás siendo castigado por tus karmas de vidas pasadas, por eso naces. Es un castigo, igual que en la Rusia soviética, si te castigan te envían a Siberia.

En los tiempos del Raj británico en la India, si alguien debía ser castigado de verdad solían enviarlo a islas lejanas: Andaman, Nicobar.

El clima es malo, nada saludable; no hay facilidades para vivir, nada crece, trabajo duro. Ese era el castigo.

Todas estas religiones negativas para la vida os han estado diciendo, directa o indirectamente, que esta tierra es como Andaman y Nicobar, o como Siberia, y que sois prisioneros. Han sido arrojados aquí, arrojados a la vida, para ser castigados. Esto es un completo disparate.

La vida no es una prisión, es una escuela. Te envían aquí para aprender, te envían aquí para crecer.

Has sido enviado aquí para ser más consciente, más consciente. Esta tierra es un gran dispositivo de Dios.

Este es mi enfoque de la vida: la vida no es un castigo, sino una recompensa. Se te recompensa dándote una gran oportunidad de crecer, de ver, de conocer, de comprender, de ser. Yo llamo a la vida espiritual. De hecho, para mí, vida y Dios son sinónimos.

Quinta pregunta

MAESTRO,

¿POR QUÉ LOS INDIOS SE CREEN MÁS ESPIRITUALES QUE LOS DEMÁS?

John,

POR FAVOR, PERDONEN A LOS POBRES INDIOS. No tienen nada más de lo que presumir. Pueden presumir de otras cosas: de dinero, de poder, de bombas atómicas o de hidrógeno, de aviones, de que han pisado la luna, de que han penetrado hasta los mismísimos secretos de la vida, de su ciencia, de su tecnología; pueden presumir de su opulencia. La pobre India no tiene nada más de lo que presumir; sólo puede presumir de algo invisible, así que no hay necesidad de demostrarlo. La espiritualidad es algo de lo que se puede presumir y nadie puede probarlo ni refutarlo.

Durante miles de años, la India ha sufrido hambre y pobreza, hasta el punto de tener que racionalizarlas. Lo ha racionalizado de modo que ser pobre es algo espiritual. El hombre espiritual indio renuncia a todas las comodidades y se hace pobre. Cuando se vuelve pobre, sólo entonces los indios lo reconocen como espiritual. Si no se empobrece, ¿cómo puede ser espiritual?

La pobreza se ha convertido en el fundamento mismo de la espiritualidad india. Cuanto más pobre eres, más espiritual eres. Incluso si no estás sano, eso es bueno para ser espiritual; eso muestra tu antagonismo hacia el cuerpo. Tortura tu cuerpo, ayuna, no comas, no satisfagas las necesidades del cuerpo, y estarás haciendo un trabajo espiritual.

Así que si observas a los llamados santos espirituales indios, muchos de ellos parecerán físicamente enfermos, en profundo sufrimiento, en autotortura; sus rostros están pálidos a causa del ayuno. Pero si preguntas a sus discípulos te dirán: "¡Mira, qué aura dorada alrededor del rostro de nuestro santo!". Conozco a gente así: sólo un aura febril alrededor de sus rostros, ¡nada más! Pero sus discípulos dirán: "Un aura dorada... ¡eso es espiritualidad!".

El Conde Keyserling escribe en su diario que cuando llegó a la India comprendió por primera vez que la pobreza, el hambre, la mala salud, son requisitos necesarios para la espiritualidad. Son racionalizaciones. Y todo el mundo quiere ser más alto que el otro, superior al otro.

Ahora, no hay otra forma de que los indios declaren su superioridad. No pueden competir en ciencia, en tecnología, en industria, pero sí en espiritualidad. Son más capaces de ayunar, de morirse de hambre. Durante miles de años han practicado la inanición, por lo que se han acostumbrado mucho; les resulta fácil.

Para un estadounidense, ayunar es muy difícil. Comer cinco veces al día, es decir, comer casi todo el día, y no cuento lo que se come en ..... Para el americano es difícil ayunar, pero para el indio se ha convertido en algo casi natural. Su cuerpo se ha acostumbrado. El cuerpo tiene una enorme capacidad de adaptación.

El indio puede sentarse bajo el sol ardiente, casi en un estado de fuego por la lluvia del sol, sin ser molestado. Tú no puedes sentarte ahí, te has acostumbrado al aire acondicionado.

El indio puede sentarse en el frío, desnudo en el Himalaya. TÚ no puedes; te has acostumbrado a la calefacción central. El cuerpo se acostumbra.

Y entonces India podrá afirmar: "Esto es espiritualidad. Ven y compite con nosotros!" Y no puedes competir. Y ciertamente, cuando no puedes competir, tienes que inclinarte ante los indios y tienes que aceptar que deben tener alguna pista. No hay ninguna pista, nada, sólo una larga historia de pobreza.

En una aldea caníbal del corazón de África, la esposa del jefe de los cazadores de cabezas fue a la carnicería local en busca de una costilla selecta para la cena de su marido. Al inspeccionar la mercancía, preguntó al carnicero: "¿Qué es eso?".

El carnicero contestó: "Eso es un americano... setenta centavos la libra".

"Bueno, ¿entonces qué pasa con ese?", preguntó la mujer.

El carnicero respondió: "Es un italiano—noventa y cinco centavos la libra. Es un poco picante".

"Y", preguntó la mujer, "¿qué pasa con ese de ahí en la esquina?".

"Es un indio", respondió el carnicero. "Dos dólares la libra".

La mujer jadeó: "¿Dos dólares el kilo? ¿Por qué es tan caro?"

"Bueno, señora", contestó el carnicero, "¿ha intentado alguna vez limpiar a un indio?".

Pero eso se ha convertido en espiritualidad. ¿Sabes?—Los monjes Jaina nunca se bañan. Tomar un baño es considerado un lujo. No se limpian los dientes; eso se considera un lujo. Ahora bien, para ser espiritual en el sentido jaina del término tienes que dejar de bañarte, de limpiarte los dientes, incluso de peinarte, incluso de cortarte el pelo. Si se vuelve demasiado desordenado, demasiado sucio, tienes que arrancártelo a mano. No puedes utilizar ninguna maquinilla de afeitar ni ningún otro dispositivo mecánico, porque una persona espiritual debe ser independiente de todas las máquinas. Así que los monjes Jaina se arrancan su propio cabello. Y cuando un monje Jaina se arranca el cabello, generalmente una vez al año, se produce una gran reunión porque se cree que es algo muy especial.

He asistido a tales reuniones. Miles de jainas se reúnen simplemente para ver a este pobre hombre, hambriento, sucio, tirándose de los pelos... ¡loco! Y verás a la gente observando con gran alegría y con gran superioridad: "¡Este es nuestro santo! ¿Quién MÁS puede competir con nosotros?".

Ninguna nación es espiritual. Aún no ha sucedido. Se puede esperar que suceda algún día, pero aún no ha sucedido. De hecho, sólo los individuos pueden ser espirituales, no las naciones Y los individuos han sido espirituales en todo el mundo, en todas partes. Pero la ignorancia impide que la gente reconozca la espiritualidad de los demás.

Un día estaba hablando con un indio y le dije que en todas partes ha habido espiritualidad; no tiene nada que ver con la India como tal.

Dijo: "Pero aquí han pasado tantos santos. ¿Dónde más han sucedido tantos santos?"

Le dije: "¿Sabes cuántos santos ha habido en China? Sólo dime algunos nombres".

Ni siquiera había oído hablar de un solo nombre. No sabe nada de Lao Tzu, no sabe nada de Chuang Tzu, no sabe nada de Lieh Tzu.

No sabe nada de la larga tradición del misticismo chino. Pero conoce a Nanak, Kabir, Mahavira, Krishna, Buda, por lo que piensa que todos los grandes santos han sucedido sólo en la India. Eso es pura estupidez. Han sucedido en Japón, han sucedido en Egipto, han sucedido en Jerusalén. Han sucedido en todas partes. Pero tú no lo sabes, y tampoco quieres saberlo. Simplemente permaneces confinado en tu propia secta.

De hecho, puedes haber vivido en el vecindario de los Jainas toda tu vida, pero no puedes decir los veinticuatro nombres de sus grandes TEERTHANKARAS. ¿Quién se molesta en conocer los demás? Sólo un nombre - Mahavira - es conocido; los otros veintitrés nombres son casi desconocidos. Incluso los mismos Jainas no pueden dar los veinticuatro nombres en secuencia exacta. Conocen tres nombres: el primero, Adinatha; el último, Mahavira; y el anterior a Mahavira, un primo-hermano de Krishna, Neminath. Estos tres son conocidos; los veintiuno restantes son casi desconocidos incluso para los jainas. Y esto es así.

¿Sabe cuántos místicos jasídicos han alcanzado a Dios? ¿Sabes cuántos maestros zen han alcanzado la Budeidad? ¿Sabes cuántos sufíes han alcanzado el estado último? A nadie le importa, nadie quiere saberlo. La gente vive en un pequeño y acogedor rincón de su propia religión y piensan que eso es todo.

Ni los indios ni nadie es especialmente espiritual o santo. La espiritualidad es algo que sucede a los individuos. Es el individuo que se enciende en Dios. No tiene nada que ver con ninguna colectividad - nación, raza, iglesia.

Sexta pregunta

MAESTRO,

¿POR QUÉ LOS JUDÍOS SON TAN CONOCIDOS POR SU AVARICIA DE DINERO?

Narotam,

¿PIENSA USTED QUE LOS DEMÁS SON EN ALGÚN MODO DIFERENTES DE LOS JUDÍOS? A menos que el amor florezca en tu ser estás destinado a permanecer codicioso. La avaricia es la ausencia de amor.

Si amas, la codicia desaparece; si no amas, la codicia permanece.

La codicia tiene sus raíces en el miedo. Y, por supuesto, los judíos han vivido con un miedo tremendo durante siglos.

Durante los dos mil años transcurridos desde Jesús han vivido en constante temor. El miedo crea codicia. Y como perdieron su nación - lo perdieron todo, se desarraigaron, se convirtieron en vagabundos - en lo único que podían confiar era en el dinero; no podían confiar en nadie más. Por lo tanto, naturalmente, se volvieron codiciosos. No seas demasiado duro con ellos por eso.

Son codiciosos, quizá un poco más que otros, pero eso es sólo una diferencia de cantidad, no de calidad.

En la India tenemos a los MARWARIS, que son los judíos indios. Los Jainas no son menos codiciosos... ¡y otros también! Tal vez no son tan notorios. Los judios se hacen notorios porque todo lo que hacen, lo hacen con un sabor; todo lo que hacen, lo hacen sin ningun disfraz. No son personas muy engañosas—inteligentes pero no engañosas. Todo lo que quieren hacer, lo hacen directamente Y son personas muy terrenales. Y esa es una de las cualidades que aprecio. La tierra es nuestro hogar y tenemos que ser terrenales.

Una verdadera espiritualidad debe estar arraigada en lo terrenal. Toda espiritualidad que reniega de la tierra, que rechaza la tierra, se vuelve abstracta, se convierte en una fantasía. Ya no tiene sangre, ya no está viva. Sí, los judíos son muy terrenales.

¿Y qué hay de malo en tener dinero? No hay que ser posesivo; hay que saber utilizarlo. Y los judíos saben cómo usarlo. No hay que ser avaro. El dinero hay que crearlo y hay que utilizarlo. El dinero es un bello invento, una gran bendición, si se utiliza correctamente. Hace posibles muchas cosas. El dinero es un fenómeno mágico.

Si tienes un billete de diez rupias en el bolsillo, tienes miles de cosas en el bolsillo.

Puedes tener cualquier cosa con esas diez rupias. ¡Puedes materializar a un hombre que masajee tu cuerpo toda la noche! ¡O puedes materializar comida o puedes materializar CUALQUIER COSA! Ese billete de diez rupias conlleva muchas posibilidades. No puedes llevar contigo todas esas posibilidades si no hay billete; entonces tu vida será muy limitada. Puedes tener un hombre que te masajee el cuerpo, pero esa es la única posibilidad que tienes contigo. Si de repente tienes hambre o sed, ese hombre no puede hacer nada más. Pero un billete de diez rupias puede hacer muchas cosas, millones de cosas; tiene infinitas posibilidades. Es uno de los mayores inventos del hombre; no hay por qué estar en contra de él. Yo no estoy en contra.

Úsalo. No te aferres a ella. Aferrarse es malo. Cuanto más te aferras al dinero, más pobre se vuelve el mundo a causa de tu aferramiento, porque el dinero se multiplica si siempre va de una mano a otra.

En inglés tenemos otro nombre para el dinero que es más significativo: es "currency".

Eso indica simplemente que el dinero debe permanecer siempre en movimiento como una corriente. Debe moverse siempre de una mano a otra. Cuanto más se mueva, mejor.

Por ejemplo, si tengo un billete de diez rupias y me lo guardo para mí, entonces sólo hay un billete de diez rupias en el mundo. Si te lo doy a ti y tú se lo das a otra persona y cada persona sigue dando, si pasa por diez manos entonces tenemos cien rupias, hemos utilizado cien rupias de utilidades; las diez rupias se multiplican por diez.

Y los judíos saben cómo utilizar el dinero; no hay nada malo en ello. Sí, la codicia es mala. Codicia significa que te obsesionas con el dinero; no lo utilizas como medio, se convierte en el fin.

Eso es malo, y es malo seas judío o jaina, hindú o mahometano; no importa.

Cuatro madres judías hablaban, naturalmente de sus hijos.

Uno dijo: "Mi hijo estudia para médico y cuando se gradúe ganará 50.000 dólares al año".

Dijo el segundo: "Mi hijo estudia odontología y cuando se gradúe ganará 100.000 dólares al año".

El tercero dijo: "Mi hijo estudia para psicoanalista y cuando se gradúe ganará 200.000 dólares al año".

La cuarta permaneció en silencio. Las otras le preguntaron: "¿Y tu hijo?".

"Está estudiando para rabino", respondió ella.

"¿Y cuánto gana un rabino?"

"

10.000 al año".

"

10,000? ¿Es este un trabajo para un chico judío?"

La tienda de ropa de Gropestein estaba en el Lower East Side de Nueva York. Un día, Gropestein salió a comer y dejó a cargo a Salter, su nuevo vendedor.

Cuando volvió, Salter anunció con orgullo: "He vendido ese abrigo de paño negro".

"¿Por cuánto?", preguntó Gropestein.

"Noventa y ocho centavos, como decía en la etiqueta."

"¿Noventa y ocho centavos?", gritó el dueño. "¡La etiqueta decía noventa y ocho dólares, idiota!"

El empleado parecía que se iba a morir de vergüenza.

"Que esto os sirva de lección", dijo Gropestein. "Pero no te sientas mal... hemos sacado un diez por ciento de beneficio".

Un famoso antisemita se estaba muriendo. Reunió a sus hijos en torno a su lecho de muerte y les dijo: "Hijos, mi último deseo y orden es que siempre que necesitéis algo, vayáis a comprárselo a un judío y le deis el primer precio que os pida."

Los hijos, sorprendidos, dijeron: "Padre, ¿te has vuelto loco en esta tu última hora?".

"Ah, no", sonrió malvadamente el antisemita, "se va a comer a sí mismo que no ha pedido más".

Séptima pregunta

MAESTRO,

¿CUÁL ES EL FUTURO DE LA MORAL EN MATERIA DE SEXO?

Divendra,

NO HAY FUTURO DE NINGUNA MORALIDAD en lo que respecta al sexo. De hecho, la propia combinación de sexo y moralidad ha envenenado todo el pasado de la moralidad. La moral se orientó tanto hacia el sexo que perdió todas las demás dimensiones, que son mucho más importantes. El sexo no debería preocupar tanto al pensamiento moral.

Verdad, sinceridad, autenticidad, totalidad: éstas deberían ser las verdaderas preocupaciones de la moralidad. La conciencia, la meditación, el conocimiento, el amor, la compasión, deberían ser las verdaderas preocupaciones de la moral.

Pero sexo y moralidad se convirtieron casi en sinónimos en el pasado; el sexo se volvió prepotente, abrumador. Así que cuando se dice que alguien es inmoral, simplemente se quiere decir que algo va mal en su vida sexual. Y cuando se dice que alguien es una persona muy moral, todo lo que se quiere decir es que sigue las reglas de la sexualidad establecidas por la sociedad en la que vive. La moral se ha vuelto unidimensional; no ha sido buena. No hay futuro para esa moral; se está muriendo. De hecho, está muerta. Lleva un cadáver.

El sexo debería ser más divertido que un asunto tan serio como se ha hecho en el pasado. Debería ser como un juego, una obra de teatro: dos personas jugando con las energías corporales de la otra. Si ambos son felices, no debería preocupar a nadie más. No están haciendo daño a nadie; simplemente se están regocijando en la energía del otro. Es una danza de dos energías juntas. No debería preocupar a la sociedad en absoluto. A menos que alguien interfiera en la vida de otro, se imponga, fuerce a alguien, sea violento, viole la vida de alguien, entonces sólo debería intervenir la sociedad. De lo contrario, no hay problema; no debería preocuparnos en absoluto.

El futuro tendrá una visión totalmente diferente del sexo. Será más diversión, más alegría, más amistad, más un juego que un asunto serio como lo ha sido en el pasado. Ha destrozado la vida de las personas, las ha agobiado tanto... ¡innecesariamente! Ha creado muchos celos, posesividad, dominación, quejas, peleas, condenas... sin ninguna razón.

La sexualidad es un simple fenómeno biológico. No hay que darle tanta importancia. Su único significado es que la energía puede transformarse en planos más elevados; puede volverse cada vez más espiritual. Y la manera de hacerla más espiritual es convertirla en un asunto menos serio.

El doctor Biber estaba perplejo ante el caso. Le había hecho todo tipo de pruebas a la chica de la hermandad, pero sus resultados seguían sin ser concluyentes. "No estoy seguro de lo que es", admitió finalmente.

"O estás resfriada o estás embarazada".

"Debo de estar embarazada", dijo la chica. "No conozco a nadie que haya podido contagiarme un resfriado".

Esto es algo del futuro.

Clarice y Sheffield estaban desayunando a media tarde. Su apartamento de Park Avenue estaba completamente revuelto después de una fiesta salvaje que había durado toda la noche.

"Querida, esto es bastante embarazoso", dijo Sheffield, "¿pero fue a ti a quien hice el amor en la biblioteca anoche?".

"¿Sobre qué hora?", preguntó Clarice.

Otra historia sobre el futuro:

La maestra se quejaba amargamente a Cornelia del comportamiento del pequeño Nathaniel. "Siempre se mete con chicos más pequeños que él y les pega", le dijo.

"¡Dios mío!", dijo Cornelia, "Ese chico es igual que su papi".

"Y varias veces le he pillado en el guardarropa con una de las niñas". continuó el profesor.

"Justo el tipo de cosas que haría su papi".

"No sólo eso, sino que roba cosas de los otros niños".

"El mismo que su papi... ¡Señor, me alegro de no haberme casado con ese hombre!"

No te preocupes por el futuro de la moralidad relativa al sexo. Desaparecerá por completo. El futuro conocerá una visión totalmente diferente del sexo. Y una vez que el sexo ya no abrume tan poderosamente a la moral, ésta será libre para tener otras preocupaciones mucho más importantes.

La verdad, la sinceridad, la honestidad, la totalidad, la compasión, el servicio, la meditación, éstas deberían ser las verdaderas preocupaciones de la moral—porque éstas son las cosas que transforman tu vida, éstas son las cosas que te acercan a Dios.

Y la última pregunta
MAESTRO,
¿POR QUÉ HABLAS SI LA VERDAD ES INEXPRESABLE?
Paramahansa,
¡NO HAGAS CASO!

* 9 7 9 8 2 2 3 5 1 0 6 1 1 *